おうち子育ての ヒントいっぱい！

子どもが片づけしたくなる104のアイディア

小堀愛生

文化出版局

どうして、片づけられないの？

出しっぱなし、散らかし放題。そんな部屋を見て、「片づけなさい」と怒るか、「何でだろう」と悩むのか、そんな経験をしたことがありませんか？　今まさにそんな状況という人がいるかもしれません。

こんなときについつい陥りがちなのが、〝しつけ〟という言葉が頭をよぎり、子どもを責めてしまうこと。〝できないこと〟を怒られると、子どもは恐怖心から萎縮してストレスを感じ、「自分には無理なんだ」と自分の成長にブレーキをかけてしまいます。

〝片づけできない〟には、ちゃんと理由があるのです。

それが見つかると、大人も気が楽になり、子どもとの片づけも楽しくなります。片づけができない理由は、方法がわからないほか、手が届かない、重たいものが持てないなど身体的なことが原因のこともあります。また一度に全部をすることは難しく、そんな場合は簡単なことから一つひとつ取り組むことが大切です。どんな些細なことでもかまいません。実体験を通じて「できた！」という感覚は、子どもが成長するための大きな力になります。

片づけをして感謝されると、「人の役に立てた！」という自己有用感が高まります。これは大人になっても重要な感覚です。また、小さな成功体験をすることで、自信がつくとともに、自己肯定感も高まります。

家庭は子どもにとって、最初の社会です。大好きな家族がそばにいるその社会は、とても安心できる、安全な場所です。失敗の中から学ぶことができる場所なのです。だからこそ、結果ではなく、**取り組めたかどうか、という過程を大切に**してほしいのです。

本書では、子どもが「片づけがしやすい」と感じる収納方法と、片づけに対する子育ての考え方を、さまざまなご家庭をモデルにして紹介していきます。

片づけは、お手伝いではなく、家族内での役割で、子どもが自分の成長を感じる場なのです。

小堀愛生（こぼめぐ）

目次

こぼめぐ流 片づけ×子育て 6ルール

ルール 1 × ものの定位置を作る

冷蔵庫がいっぱいで食材がバラバラの状態だったら、買ってきたものを収納するのが億劫ですよね。子どもの片づけも同じ。収納場所を種類ごとに作っておき、どこにしまえばよいかひと目でわかるようにしておきます。

チェックポイント

- □ 収納場所を種類分けする
- □ 中身が見える状態にする
- □ ラベリングする
- □ スペースに余裕を作る

ルール 2 × 役割を作る

その場だけのお手伝いではダメです。子どもが管理するもの、片づけやそうじの役割を決めておいて、率先して取り組める環境を作り、家庭での関わり方を身につけさせましょう。

チェックポイント

- □ 子どもが管理する場所を決める
- □ 片づけを子どもの役割にする
- □ そうじの役割を与える
- □ 実行したときは、褒めて感謝する

ルール3 × 子どもの体に合った収納にする

骨や筋肉など体が未発達のため、子どもにはあけられないフタがあったり、持てない箱があったりします。背も低いため高いところに手が届かず、また見えない状況もあります。子ども目線での収納のしやすさを考えましょう。

チェックポイント

- □ 子どもの力で開閉できる収納アイテムに
- □ 子どもの力で動かせる状況にする
- □ 子どもの手が届くところに収納する
- □ 子どもの視線が届くところに収納する

ルール4 × 子どもが動く距離を短くする

使用する場所と片づける場所が離れていると、片づけがしにくくなります。

子どもが使う場所に収納スペースを設けるか、難しい場合は箱やトレーなどでまとめて持ち運びできるようにしましょう。

チェックポイント

- □ 使用する場所を決める
- □ 使用する場所に収納スペースを作る
- □ まとめて持ち運びできるものを用意する
- □ お着替えをする近くに衣類をそろえる

5《ルール》× ものの処分は子どもと一緒に決める

ものの量が多くなると片づけが横着になります。おもちゃや本は箱や棚のサイズ、衣類は引き出しやハンガーの数などを決めて、それ以上になったらものを処分することを考えます。その際、処分するものは子どもと一緒に決めましょう。

チェックポイント

- □ おもちゃ箱にものがあふれていたら処分
- □ 使っていない本やプリントを処分
- □ タンスやクローゼットにスペースを作る
- □ 不要なものを子どもと話し合って決める

6《ルール》× 子どもと目線を合わせて心を通わせる

片づけをしたときは、仮に上手でなくても「ありがとう」とか「助かった」のひと言を。その際、近くに寄ってしゃがんで目線を合わせることが大切です。困っているときも同様で、たとえ任せる場合でも声かけをして心は子どもの近くに。

チェックポイント

- □ 片づけをする姿を見届ける
- □ 子どもに感謝の言葉を伝える
- □ 結果ではなく、取り組む姿勢を褒める
- □ 目線の高さを同じにして話を聞く

我が家の片づけアイディア

家族みんながくらしやすい空間にするには、
生活の導線を踏まえたレイアウトであること。
子育てを考えた家づくりを実践している
2つのお宅の収納方法から
我が家にあるお悩みの解決策を見つけます。

モデル 1

キッチンを中心にしたレイアウトで
遊び、勉強、くつろぎを家族で共有

月井さんのお宅

子ども 10歳、8歳、4歳

モデル 2

お着替えのサポートもラクちん
ファミリークローゼットで身支度

室井さんのお宅

子ども2歳、0歳

モデル 1

キッチンを中心にしたレイアウトで遊び、勉強、くつろぎを家族で共有

月井さんのお宅

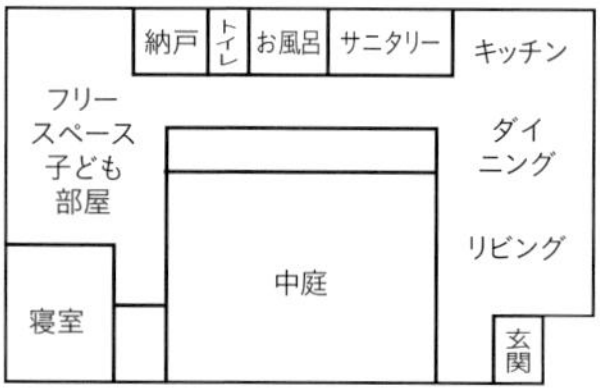

家族一緒の場所と時間で子育てをしています。収納はボックスを利用して分類するのがポイント！

戸建

3LDK

10歳　8歳　4歳

カウンター下には学習アイテムを収納。造りつけでなくても、目的や収納するものに合った棚をカウンターにつけて設置すると便利です。引き出しが多数ある棚に家族の日用品を分類して収めるのもおすすめ。

子どもの工作物をリビングのインテリアに。部屋のあちこちに飾るのでなく、一角（壁面）にまとめると雑多に見えません。

自然に片づく収納で家族の表情が自然に見える

「幼稚園から小学生まで、子どもそれぞれのものを管理するのは大変。『片づけなさい』とガミガミいうことなく、自然にものが片づく家を目指しています」と奥さま。

この家に引っ越した2年半前に最小限にものを整理。ものを収める指定席をきちんと決め、ボックスやケースで小分けするように収納しました。

キッチンからリビング・ダイニングが見渡せるレイアウトにして、料理をしながら、子どもの様子がわかるように。さらに、キッチンカウンター下に、子ども用の収納スペースを設けました。帰宅後、子どもたちがランドセルなどの荷物をすぐに片づけられるのがポイント。これなら、リビング・ダイニングにものが散らかりません。

ものの指定席は子どもの工作物も同様です。壁面に3人の子どもの工作物をまとめて飾ることで、ちょっとしたギャラリー空間になり、来客にも喜ばれています。

普段は扉を閉めてすっきりしているキッチン収納。扉を開くと、棚には多数のボックスが登場！ ラベルをつけているので、何が入っているかひと目でわかります。

洗濯コーナーは広々使いたいという目的で、床にものを置かないスタイルに。高さのある棚を壁面に取りつけて、大人の使い勝手を重視。

洗面台は、家族全員が毎日使う場所。自分のことは自分でできるよう、タオルなどは低いところに置いて、出し入れをしやすく。

家族の日用品は棚に収め、子どものものだけ低い位置に

ものの指定席をきちんと決めている月井さん。家族全員がわかっていることが大切です。そこで、日常的に使うものは、ボックスやケースに種類ごとに分けて、中に何が入っているか、わかりやすくラベリング。統一したデザインのラベルを使うことで、見た目をすっきりとさせられます。

特にキッチンの壁面収納は、必見。食材をはじめ、調理器具、キッチン用品のすべてをカゴで、きっちりと収めています。

「片づけがとてもラクに！ お客さまが来ても扉を閉めれば、雑多なものが隠せるのも利点です」

さらに、子どもの自立のために、置く場所や位置を考慮しています。洗面スペースの棚は低くしてタオルを取り出しやすく、玄関には雨具を置いて、雨の日にすぐ使えるように。どの場所も床にはものを置かないようにしています。こうした工夫で、子どもが自然に身支度できるようになりました。

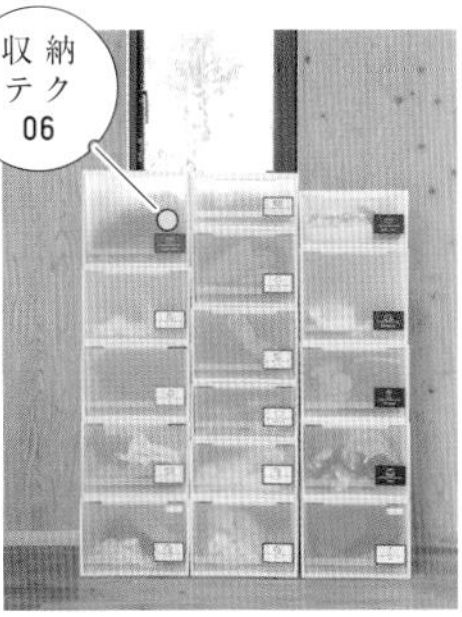

透明の収納ケースには、3人兄弟の下着類を収納。イラストつきのラベルなら、文字が読めなくても、見分けがつきます。

遊ぶスペースが狭くならないように、高さを利用した収納を心掛けています。もちろん、子どもの背丈を考えた高さに。

机の上に取りつけた棚に賞状などを額に入れて並べています。机の上はものを置かずに広く使えるように。

なるべくハンガーに掛けてしまうことで、出し入れがラクに。「どれを着ようかな」と子どもにとっても選びやすいのがポイントです。

靴だけではなく、外遊び道具や雨具などは、玄関に収納することで、必要なときに必要なものがサッと取り出せます。

子どもがひと目でわかる収納で手伝いやすい工夫を

子ども部屋は遊びと着替え、学習スペース。散らからないように、またどこに何があるかわかるように、アイテムの種類それぞれ、また兄弟それぞれのものを指定席に収納しています。

クローゼットには、長男と次男の洋服をハンガーに掛けて収納。ハンガーに掛けることで、たたむ必要がないので手間がかかりません。また、ひと目で服を選ぶことができ、便利です。主に下着類の入っている収納ケースには、イラスト入りのラベルを活用。幼稚園の娘でも、イラストを見て楽しく衣類をしまうことができます。

モデル 2

お着替えのサポートもラクちん ファミリークローゼットで身支度

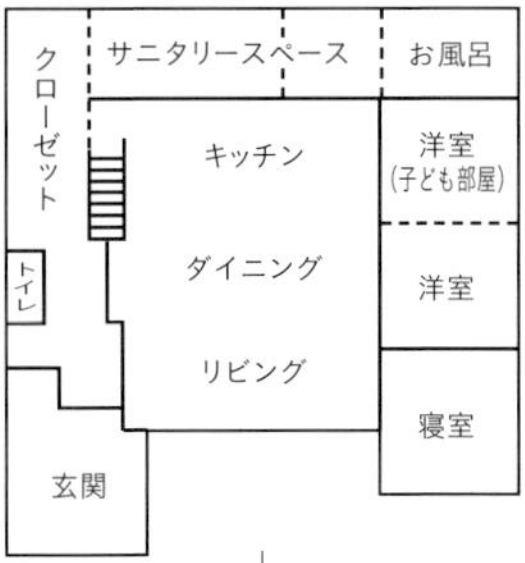

子どもが動きやすいように空間を設定しています。子どもの手が届くように収納するのも大切！

室井さんのお宅

戸建

3LDK＋ロフト

2歳　0歳

家族の顔がいつも見えて、声がいつも聞こえるのが室井家。ファミリークローゼット（キッチンのすぐ隣）なので、お着替えも一緒にできます。

収納テク
01

無印良品の引き出しやイケアのボックスを活用し、使いやすい空間にしたファミリークローゼット。新築なので最初に設置したものですが、イケアのコンビネーション家具などでもファミリークローゼットを作ることができます。

収納テク
02

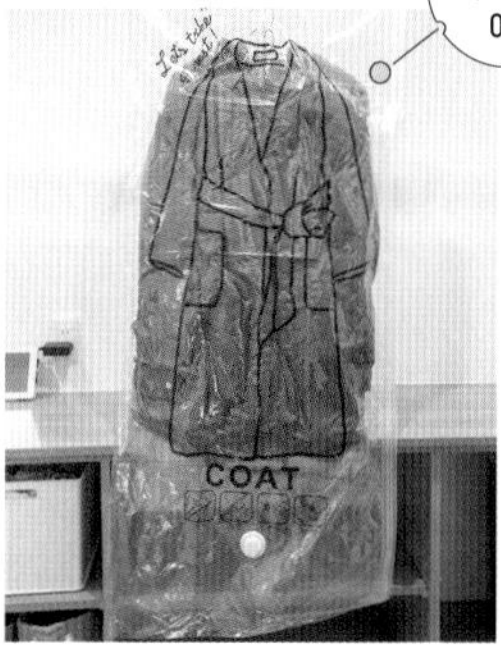

コートやジャケットなどかさばる季節外の服は圧縮袋に入れて、コンパクトに。ハンガーに掛けているので、整理もしやすいそう。

収納空間を家族でシェア ひと目でわかるクローゼット

室井さんは、生後6カ月の女の子と2歳の男の子がいる4人家族。家を新築したばかりです。幼児の場合、成長に合わせて服がどんどん増えていきます。それを踏まえて、用意したのが家族全員分の服を収められるファミリークローゼットです。壁面には、自由に高さが変えられるポールや棚を設置。無印良品の引き出しやイケアの布ボックスを入れ込んで、収納力をアップさせ、見た目をよりすっきりさせました。

子ども服は、長男の背に合わせて、ハンガーの位置を設定。「子どもが楽しみながら、今日着る服を選べます」と奥さん。

よく着る服や小物はハンガーやフックに掛けて〝見せる収納〟に、季節外の服やインナーは、圧縮袋やボックスに入れて〝隠す収納〟にしています。〝見せる・隠す〟を上手に使い分け、物量を把握した上で、日々の支度をしやすいように工夫しています。

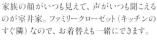

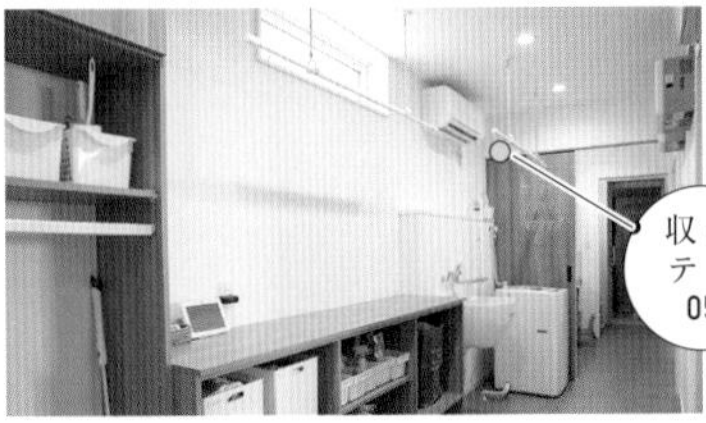

洗濯関係のアイテムやそうじ道具を一か所にまとめています。収納するものに合わせたボックスやカゴで収納し、置き場所をルール化しています。

洗面台の壁に棚を設置。日常使いのアイテムはオープンな棚に入れて、すぐ手に取れるように。

踏み台を使えば、この通り2歳の子どもでも自分で洗顔ができます。踏み台を近くに置いておくのが、自主性を促すコツ。

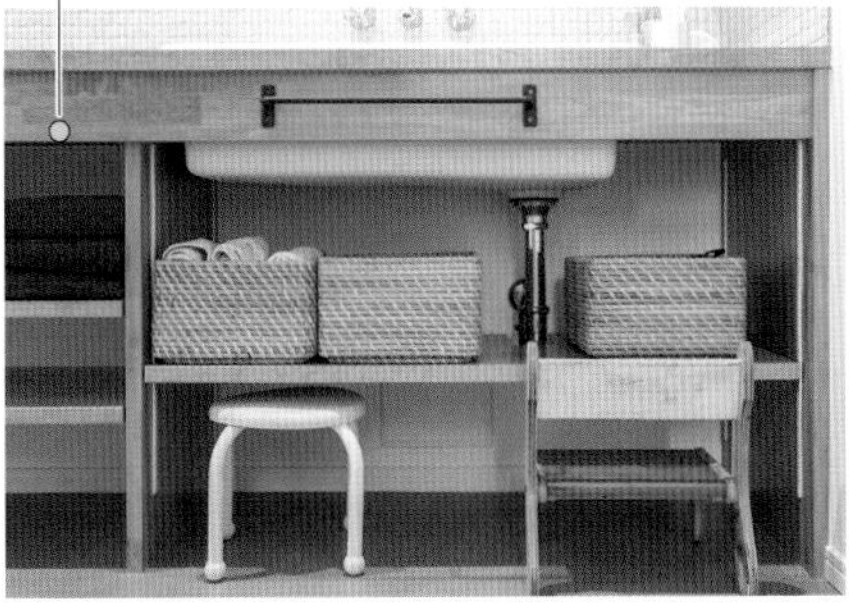

洗面カウンターの下の棚には、タオルなどの洗面類を種類ごとにカゴに収納。ナチュラル素材で統一すれば見た目すっきり。

造作収納で床置きをなくし 活動しやすい空間にする

室井さんは共働き。夜でも洗濯がしたいということで、洗濯スペースには、物干し竿を設置し、ここで衣類管理ができるようにしました。

壁面に大きなカウンターを置き、アイロンがけや、洗濯ものを畳めるスペースとして活用しています。そして、広いカウンターの下を利用して、2段の棚を設置。ここには、洗剤やアイロン道具、洗濯網など細々したものを収納しています。

「種類ごとにボックスに入れたので、取り出しやすいです。この収納のおかげで床置きのものがなく、洗濯がスムーズにできるようになりました」

また、洗面スペースには、壁面に扉のないオープンな棚を備えました。出し入れがラクな棚には、子ども用の歯磨きセットを置きました。

「2歳の長男は踏み台を使い、歯ブラシを取って、歯磨きをするように。取りやすい場所に置くのって大事ですね」と、収納と子どもの発育の関係を実感しているそうです。

子ども部屋にあるおもちゃ収納。中身が見える高さには、いつも使うお気に入りを、高い位置にはあまり使わないものを入れて。

長男専用の身支度ワゴン。成長に従い、入れるものを変えられるのが魅力。可動式なので、場所を選ばず支度ができます。

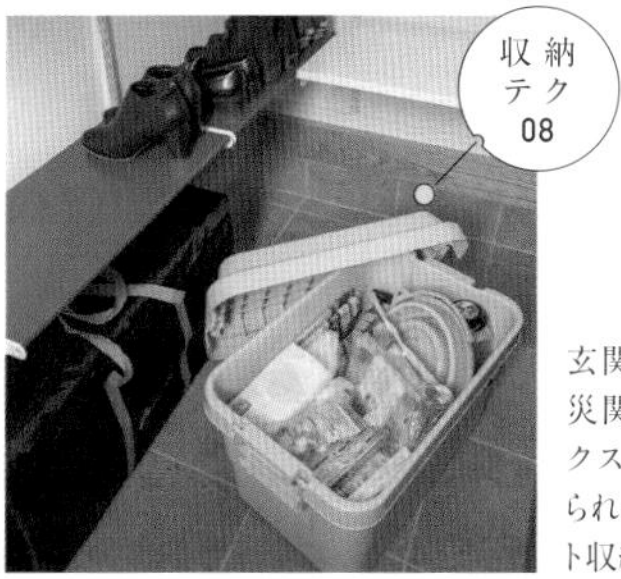

玄関隣のクロークに、防災関係のアイテムをボックスにまとめています。限られたスペースでコンパクト収納が可能です。

子どもの成長を考え 家族のゆとりを守る収納に

子どもの背丈に応じて、置く高さを考えているという室井さん。子ども部屋でのおもちゃ収納では、手の届く場所にはよく使うおもちゃ、高い場所には日ごろ遊ばないおもちゃを置くことに。これなら、お気に入りを自分で、取り出すことができます。さらに、おもちゃを種類別にボックスに入れ、ワンボックスを取り出して遊べるようにしました。

「出したおもちゃをポンポンとボックスに入れるだけで片づけ完了。子どもでも簡単にできます」

また、おすすめなのが、子どもひとりに1つ、ワゴン収納を用意している点です。長男は下着類や着替えの服、保育園バッグ、長女にはおむつや、ミルク用品、お出かけセットなどを3段に分けて収納。移動させられるので、どの場所でも身支度が可能です。子どもの成長に合わせて入れるものを変えられるので、長く使うことができそうです。

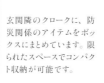

子どもの場所

SPACE 01

おもちゃや絵本、学校や習い事のアイテムを保管している場所は、子どもにとってはお城です。
その場所を散らかしたいなんてどの子も思っていません。
片づけられないのには必ず理由があります。
それを見つけて、改善する、それが子どもの場所作りなのです。

子どものものを処分するヒント

おもちゃ

- □ 収納アイテムからあふれたとき
- □ 新しいものを買ったとき
- □ 1年間、見向きもしていないもの
- □ 誕生日やクリスマスの前日

↓

子どもの判断も大切に！

勉強関連

- □ 教科書は翌年、または翌々年
- □ プリント類は進級前に整理
- □ お便りは目的の期限が切れたら
- □ 工作物は規定のスペースに達したら

↓

写真やデータでの保管もおすすめ

その他

- □ 興味がなくなった絵本は収納庫へ
- □ 不足や壊れている文房具は処分
- □ シールや紙類はまとめて別収納
- □ 目的のわからないものは早々に処分

↓

処分は半年など一時保管後に

収納テクの基本 & 子育てのヒント

テク 1 収納アイテムを使いやすいものに

子どもの力ではあけにくいもの、中身が見えないものは､収納アイテムを変更する。ブロック類など買ったときのボックスも使い勝手が悪ければ別のものに。

ヒント 1
片づけのストレスを解消すれば、子どもは積極的に取り組める。

テク 2 アイテムをインテリアの一部にする

フィギュアやぬいぐるみ、ブロック作品などは、指定席を作ってディスプレイする。詰めたり重ねたりしないよう、空間に余裕をもつと見た目がきれい。

ヒント 2
子どもが決めた場所に並べさせると、自尊心が生まれる。

テク 3 使うものを1セットにまとめる

本とグッズを連動させて遊ぶもの、お絵かきや工作グッズは、ボックスタイプのケースやトレイにひとまとめしておくと、使うときは便利で片づけやすい。

ヒント 3
子どもが先（行動すること）を想像し、段取り力が育まれる。

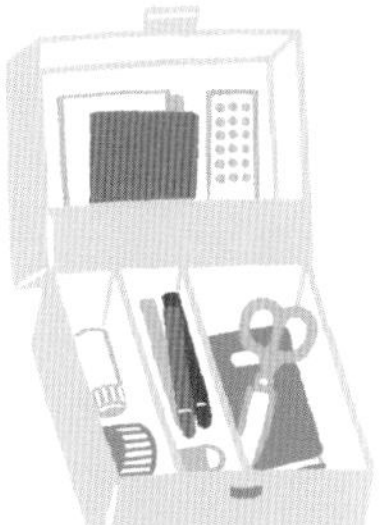

テク 4 ラベリングで収納場所をつくる

場所を決める、収納アイテムの色で種類分けする、収納アイテムにラベリングするなど、定位置を作っておく。子どもの年齢に応じて設定を変える。

ヒント 4
ルールを守ることで規律性が身につき、充実感も得られる。

お悩み 1

成長するごとに増えるおもちゃ たまに使うから捨てられない

子育てヒント

- 子どもに選ばせることにより、判断力が身につく。

答え 1

いる・いらないをくり返し 興味がないものは手放して

選択肢を2択にし、必要なものを子どもに選ばせています。選択肢を絞れば子どもが判断しやすくなり、その流れで片づけができるようになりました。

モデル▶こぼめぐ

お悩み 2

ぬいぐるみがたくさん かわいく収納するコツを知りたい

ぬいぐるみを収納するのにちょうどいい大きさの収納アイテム。

答え 2

ぬいぐるみ専用ボックスでまとめてディスプレイ風に

大きめのカゴにたくさん入れるだけで見た目にかわいさのある収納に。お気に入りはワゴンに並べると、ディスプレイ感覚で収納できます。入りきらなくなったらどれを手放すかを、その都度子どもと相談し決めています。

モデル▶つばめの家さんのお宅（子ども6歳）

子育てヒント

- 処分する場合、ただ手放すだけではなく、「人に譲る」など、人にあげるところまで経験させる。誰かを笑顔にできることが学べる。

お悩み
3

おもちゃを片づけているのに雑多に見える

アイテムの量や収納スペース別に同じデザインのボックスを並べる。 アイテム P.92（ラベル）

答え／3

同じ種類のケースで種類ごとに仕分けて

大きすぎず、深すぎない、軽い取手つきケースで種類ごとに1ケースでまとめ、ラベルをつけています。ケースの色は白か、中身がわかる半透明がすっきり見えておすすめです。

モデル▸こぼめぐ

子育てヒント

- ラベルは子どもの年齢に合わせた文字表記にし、本人に作成させると収納への意識をより高められる。

お悩み
4

種類違いのおもちゃが増えてきちんと整頓できない

答え／4

専用ケースでコレクション持っていい量をルール化

種類違いの同じものがいつの間にかどんどん増えてしまいます。その場合、子どもにものを把握させることが大事。ケースを用意することにより、入れられる量が限られます。これにより、不要なものはもちろん、新たに欲しいものも明確になります。

モデル▸こぼめぐ

子育てヒント

- コレクションの感覚を身につけさせることで、ものへの愛着と管理能力が高まる。

コレクションできるケースとポリウレタンマットを加工した台座でアイテム収納。

お悩み 5

カードゲームのケースをなくした あってもボロボロでしまいにくい

便利アイテム

プラスチックのカードケースは、100円ショップの名刺ケースが便利。カードゲームが複数ある場合は、ケースを同じ場所に収納すると整理できる。

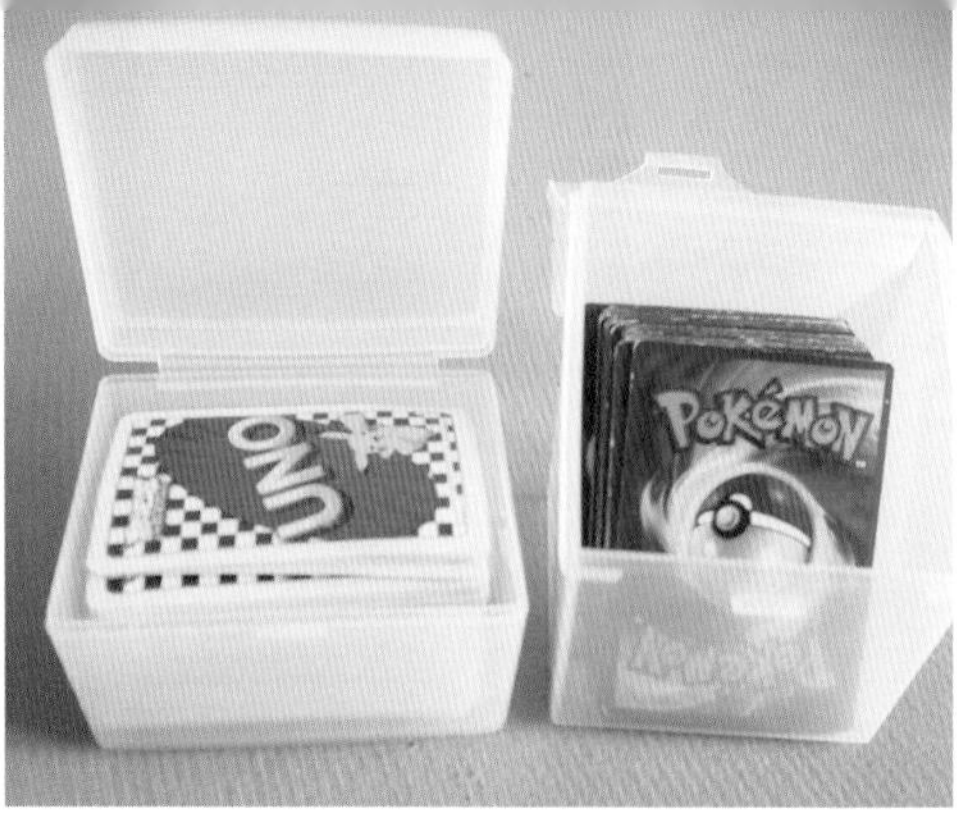

答え 5

中身が見えるクリアケースに入れ 遊び方により収納方法を変える

UNOやトランプのようにすべてを出すカードと、トレーディングカードのように必要なものを選んで出すカードでは、ケースの形を分けて収納しています。すべてを出して遊ぶものは、平置きで収納できる平らなケースを、選ぶ動作が必要な遊びは、縦に収納できる縦型のケースがおすすめです。

モデル ▶ こぼめぐ

中身がひと目でわかるクリアケース。

お悩み 6

アクセサリー類が散乱 あちこちに似たものがある

答え 6

クリアケースに収納し 中身を見える化

細かなアクセサリー類は引き出し型のクリアケースが便利です。カテゴリーで分けて収納しているので、紛失もなくなります。

モデル ▶ ハギヤマさんのお宅（子ども6歳）

子育てヒント

- ものを管理することで発想力や想像力が身につく。

お悩み 7

おもちゃ箱のフタをあけられず自力で出し入れができない

答え 7

使いやすい収納アイテムで片づけのストレスを解消

既製品の収納ボックスのフタは子どもが自力であけられないので、フタなしの安定感のあるボックスに変えました。子どもが自由に取り出し、きちんと元に戻すことができます。

モデル ▸ こぼめぐ

子育てヒント

- 手助けなしで目的を果たせると、積極性が強まり自律する。

かたいフックのついたボックスは、小さな子どもの力ではあけられず、片づけどころか、それで遊ぶ意欲も下げてしまう。

お悩み 8

ブロック類の片づけを嫌がって子どもが逃げてしまう

答え 8

引き出し型のクリアケースで種類や色ごとに分類

１収納１色、または同系色でまとめてクリアケースに収納しています。ブロックが整理されるだけでなく、見た目も美しくなります。もちろん片づけもしやすいようです。

モデル ▸ TOMOさんのお宅（子ども6歳／双子）

子育てヒント

- 選べる環境にしておくことで選択する力が育まれる。

アイテムの量や収納スペース別に大きさが分かれたボックス。

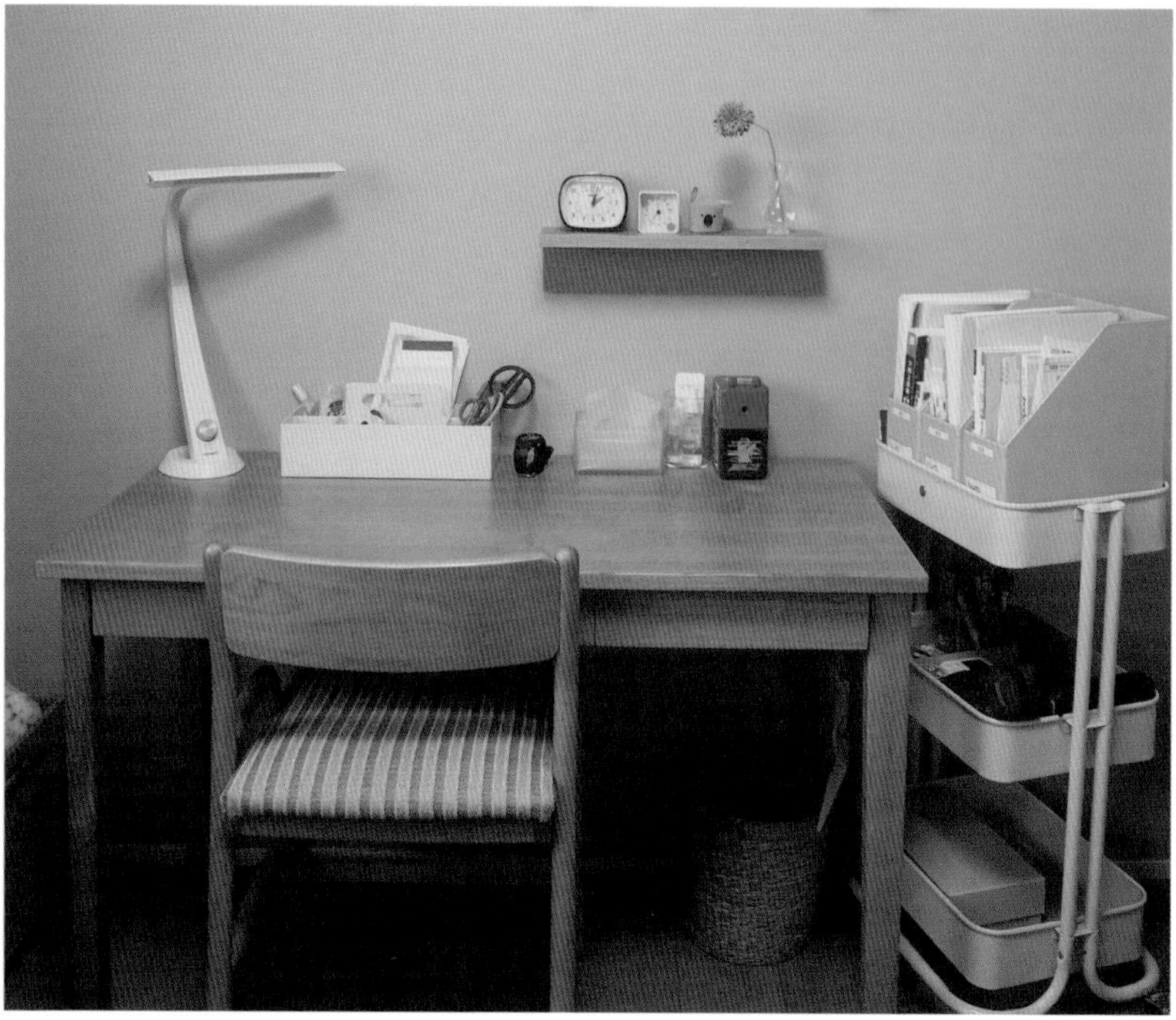

お悩み 9

学習机の収納機能を使いこなせていない

答え 9

使用用途や頻度をふまえ種類ごとの収納場所を考える

基本的に、勉強道具を学習机に収納し、教科書やプリント類は机には置かず、専用のボックスを別に用意しています。これによりわかりやすく、すべてのものがゆったりと収納でき、子どもも快適に勉強しています。

モデル▸つばめの家さんのお宅（子ども6歳）

袖机（ワゴン）の使用例

- 上段→日ごろ使う勉強の本やノートを教科別にボックスに入れて収納。
- 中段→筆箱や文房具の予備などをまとめて収納。
- 下段→手紙（お便り）をまとめて収納。

終わった教科書類の扱い例

- 別の場所に一時保管する
- スキャンしてデータで保管する
- 教科書は処分し、ノートを一時保管する

お悩み
10

学校と習い事の道具を間違えてしまう

答え
10

習い事のおさらいをする場所に専用バッグで保管する

習い事は家に帰ってもおさらいが必要になるので、ピアノならピアノの椅子の横、塾なら学習机というように、おさらいする場所の近くに置いています。習い事の道具は、学校の道具との混在を避けるために、習い事専用のバッグの中でまとめて管理しています。

モデル▶つばめの家さんのお宅（子ども6歳）

お悩み
11

読まない本がたくさん並んで収納スペースが無駄になる

子どもの興味に合わせて収納できるラックつき本棚。

答え
11

読まない本は押入れへラックで表紙を見せて収納

必要な本は表紙を見せてラックに、読まない本は押し入れに収納しています。また、絵本は季節ごとに見直しています。表紙見せの本は季節を感じられるようなものにし、時季を楽しんでいます。また、重い本は下段に収納しています。

モデル▶つばめの家さんのお宅（子ども6歳）

子育てヒント

- 背表紙を見せて収納している本棚は、指1本分入る空間をあけておくと、子どもが自発的に本を取りやすくなり、収納もしやすくなる。

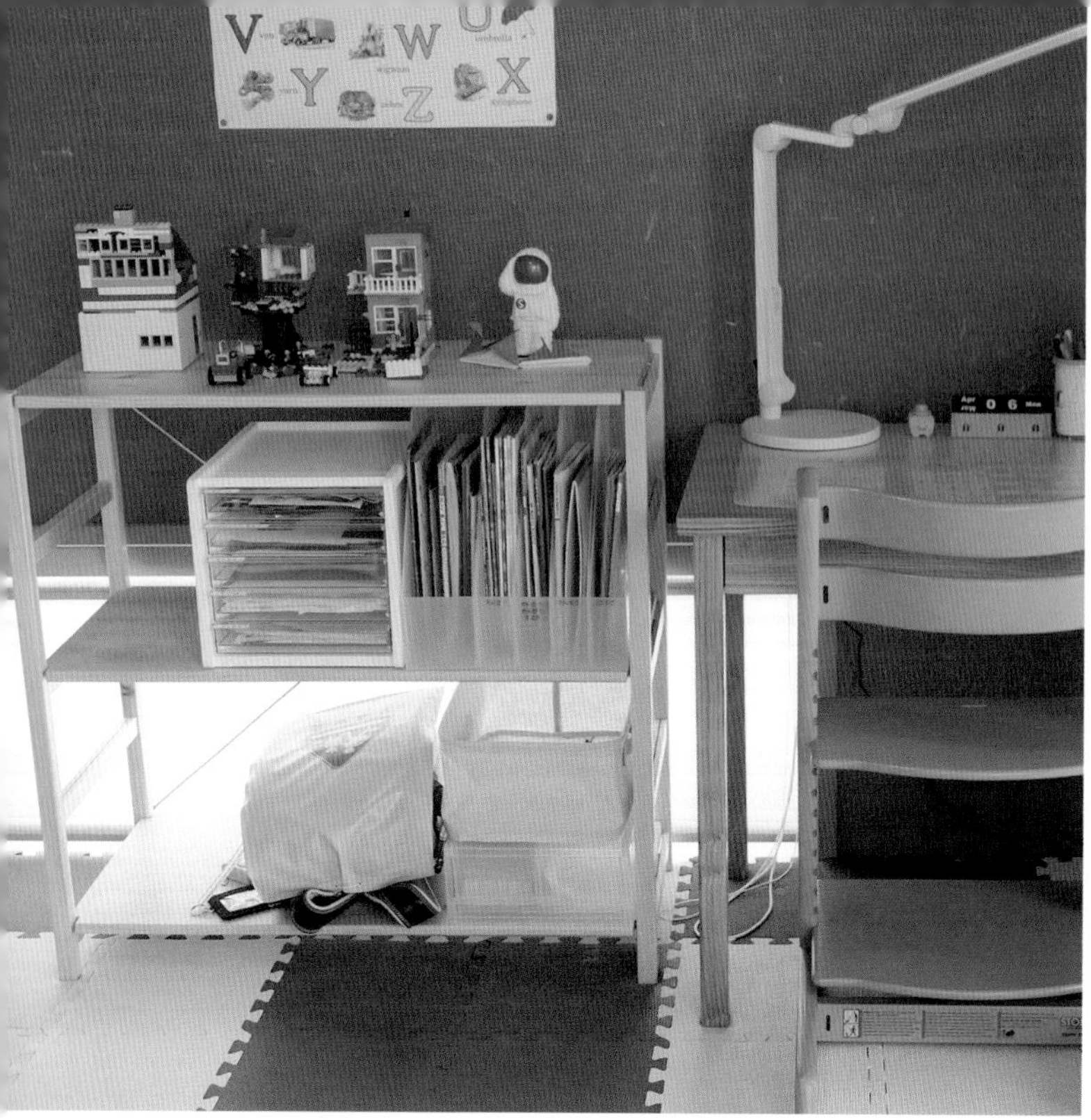

お悩み 12

学校と趣味の本がごちゃごちゃに混ざっている

答え 12

目的ごとのファイルスタンドで背表紙がしっかり見えるように

目的別、種類別で分け、スタンドで背表紙が見えるようにわかりやすくしています。スタンドにはラベリングをするとよりわかりやすく収納できます。

モデル ▸ 川村さんのお宅（子ども11歳）

モデル ▸ ゆうこさんのお宅
（子ども7歳／10歳／12歳）

子育てヒント

● スタンドにラベリングをすると収納場所がわかりやすくなり、学習意欲を高められる。

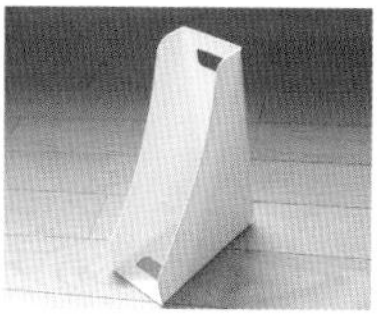

便利アイテム

DAISOのストレージスタンドがおすすめ。立ち上がりのないものだと、より出し入れしやすい。

お悩み 13

セットで使いたいアイテムが一緒に取り出せず不便

答え 13

トレイやボックスで関連グッズを一緒に管理

一緒に使うものはトレイやボックスでまとめて管理しています。いろいろな場所から目的物を取ってくる手間も省け、片づけもあっという間です。関連するものがまとまっていることで、興味を持った際に探究心を育めます。

モデル ▸ こぼめぐ

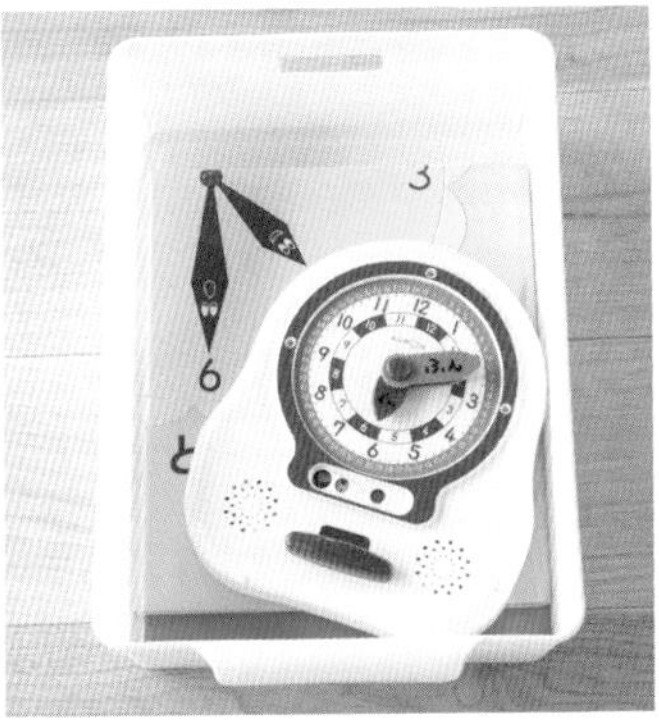

時計の絵本と時計のおもちゃをボックスやトレイにまとめてセットで収納しておけば、出し入れの動作が1回ですむ。

子育てヒント

- 目的や行動を考えることで、自主性が高まる。

便利アイテム

セットで管理するものの大きさに合わせて収納用具を選ぶ。一緒にするものが小物の場合は、さらに小さい箱に入れて整理する。

お悩み 14

お絵かきするときに色鉛筆を取り出しにくい

鉛筆立てやお菓子の缶など、フタのない筒状のものを収納アイテムとして活用。

答え 14

鉛筆立てにすべて収納し取りやすく選びやすく

色鉛筆は既製品のケースからすべて出し、鉛筆立てに入れています。フタの開閉がないので、出し入れがスムーズで、違う種類のものも一緒にすることができます。

モデル ▸ まゆこさんのお宅（子ども2歳、5歳）

お悩み 15

収納アイテムを増やすと部屋が狭くなってしまう

カラーボックスは子どもから大人まで共通で使える万能アイテム。

答え 15 カラーボックスなら成長しても活用できる

ダイニングテーブルの横にカラーボックスを設置し、リビング学習をしています。カラーボックスにはファイルボックスや引き出しを組み合わせ、学習専用棚を作っています。テーブルの横に設置することで学用品をすぐに取り出すことができます。

モデル ▶ 永岡さんのお宅（子ども9歳）

子どもの成長に合わせて部屋の家具やデザインはグレードアップしていかなければなりません。子ども用の家具を増やすと、成長したときに買い替えなければならない、長めに使える家具を買い与えたいという悩みを持つ人は多いのではないでしょうか。そんなときはカラーボックスがおすすめ。カラーボックスは汎用性が高いため、子どもが使わなくなったときは大人が押し入れやクローゼットの中の仕切りとして使用できます。部屋の景観を損ねることなく、さまざまなインテリアにマッチするのも魅力です。

子どもの成長と空間の関係

お悩み
16

新しいものを買ったら似たものが出てくる

答え
16

手放すものを集めて便利ボックスを作る

この前買ったものと同じものが、家をよく探すとあった。こんな経験はないでしょうか。この行動を何回もくり返さないために、使わないものを一時保管する「お譲りボックス」をひとつ用意しておきましょう。子どもに「○○がない」といわれたときでも、まずボックスを確認すれば何度も同じものを買ってしまうことは解消されるはずです。そして、ボックスを子どもと一緒に確認すれば、「使いたいときにないものはここを見ればあるかも！」と子ども自身で判断と行動をすることができます。このボックスはママにとっても子どもにとっても、“ないはずのものがある場所”という、便利な存在になります。

モデル ▶ こぼめぐ

家族と一緒にリビング

SPACE 02

家族の日用品が集まるリビングは、気を抜けばどんどん散らかるスペース。居心地を保つには、子どもが扱うアイテムと家族で共有するアイテムをどこに収めるかが重要。ポイントはそれぞれのアイテムの居場所を、どこでどう使うかを考えて決めることです。

子どもが扱うアイテムの収納のコツ

おもちゃ

- □ 専用の収納場所を作る
- □ 持ち運びできる工夫をする
- □ ざっくり入れられる収納アイテムをそろえる
- □ 作りかけのおもちゃなど、一時置きできる場所を作る

⇩

出し戻しがしやすい導線を作る

勉強関連

- □ それぞれの収納場所を作る
- □ 勉強できるスペースを確保する
- □ 学校と習い事など、種類ごとにまとめる
- □ 持ち運びできる工夫をする

⇩

散らからない環境を作る

収納テクの基本 & 子育てのヒント

テク 1
幼いうちは ここを勉強部屋とする

親の目が届くリビングテーブル、ダイニングテーブルが勉強机。その場合、近くに勉強道具の収納場所があると便利。子ども部屋が収納場所である必要はない。

ヒント1
片づけをすることで、勉強、遊び、食事、くつろぎのメリハリがつく。

テク 2
必要なものだけを セット収納で持ち運ぶ

勉強道具やおもちゃをそのつど取り出していると、元に戻すのが難しくなってしまう。カゴやケースにまとめて持ち運びをラクにし、あらかじめセット収納にして整理力を高める。

ヒント2
目的を満たすアイテムを理解することで、考えて行動できるようになる。

テク 3
家族のインテリアと 子どものものを共存させる

家族がリラックスして過ごしたいリビング。おもちゃをオブジェ、工作物をアートとして飾り、インテリアを意識しよう。隠したいものはボックスや引き出しでざっくり収納を。

ヒント3
「きれい、美しい」→「気持ちいい」という感覚を養い、美意識を高める。

テク 4
レイアウトを考えて 空間を広く保つ

ものが増えると空間が狭くなるが、家具やレイアウトの工夫でそれを防げる。空いたスペースに合わせてカラーボックスを設置するなど、部屋の構造を考慮したレイアウトに。

ヒント4
片づけの意欲が高まり、また家族への思いやりの気持ちも芽生える。

お悩み 1

複数パーツのおもちゃがバラバラに

答え 1

テレビボードの引き出しを活用 子どもが遊びやすくなる

テレビボードの引き出しには高さのないおもちゃを収納しています。子どもが遊ぶところの近くに収納場所があると、取り出しも片づけもスムーズです。

モデル ▸ こぼめぐ

子育てヒント

- ママがそばにいるリビングで、まずはものを管理するトレーニングを。

お悩み 2

テレビゲームはアイテムが多くてまとめにくい

答え 2

本体関連はボックス収納 ソフトは中身のみを専用ケースに

使用するゲーム機はゲーム機ごとにひとまとめにしてボックスで収納し、ソフトは元の箱から外し、専用ケースに入れて管理しています。取扱説明書はゲーム機の収納とは別にボックスを用意してまとめています。使わないコードやパーツはそれぞれひとまとめにし、引き出し収納や棚収納の奥のほうで管理しています。

モデル ▸ 大原さんのお宅（子ども11歳）

お悩み
3

おもちゃ用の棚を用意しても
雑多に見える

答え
3

子どもの
背丈に合った棚に
ゆとりをもたせて置く

おもちゃを収納する棚は子どもの背丈に合わせて自主的に片づけしやすく。使い方の変化に合わせやすいシンプルな棚を選んでいます。しまうときの手の通り道を考え、おもちゃとおもちゃの空間を広くして置いており、雑多にも見えません。

モデル▶ふみ子さんのお宅
(子ども2歳、5歳)

お悩み
4

おもちゃ箱をひっくり返し
バラバラに片づけてしまう

答え
4

おもちゃと収納を
1対1のコンビにする

ひとつのケースに1種類のおもちゃしか入れないということを基準に、投げ込みでも片づくようにフタのない収納を使っています。また、可動式のボックスなら重たいものでも持ち運びがラクです。

モデル▶小平さんのお宅(子ども3歳、6歳)

子どもの成長と片づけ

子どもに大きめのおもちゃ箱を与える家庭が多いが、これだと中身が認識しづらく、すべてをひっくり返し、目的のものを見つけたらそれ以外は出しっぱなしにしてしまう。ひっくり返すには子どもの成長段階が関わっている。子どもは多数のものからひとつを選ぶことができない。ひとつの箱に入れているものは少量にしておくとよい。

お悩み 5

学校で描いた絵捨てられずに困っている

答え 5

スラッグハンガーで壁に吊るして飾る

スラックハンガーを額がわりにし、子どもの絵を挟んでインテリアにしています。ハンガーにはフェルトが内側に貼ってあるものが多く、絵を傷めません。

モデル ▸ こぼめぐ

便利アイテム

木製でおしゃれなデザインのイケアのズボンハンガー。

アイテム P.92

子育てヒント

- 自分で作ったものを飾ることで、達成感が増し、次の創作意欲も高まる。

お悩み 6

リビングやダイニングをおもちゃが占領している

子育てヒント

- 家族共有の場であることを認識すると、集団行動などの社会性に役立つ。

答え 6

思い切ってダイニングにおもちゃ収納を設置

子どものおもちゃ収納スペースをダイニングに設けています。私が料理しているときでも近くで遊ぶことができ、安心感があるのか片づけも自分から率先してできるようになりました。

モデル ▸ まゆこさんのお宅（子ども2歳、5歳）

お悩み 7

大人が大切にしたいアートなどインテリアを崩されてしまう

答え 7

子どもが真似したくなるような ママのお気に入りの空間を作る

部屋の一部に自分（ママ）のお気に入り空間を作っています。大人がきれいな環境を作っておけば、子どもも真似をしてきれいにしようとしてくれます。

モデル ▸ こぼめぐ

子育てヒント

- 部屋の模様替えを子どもと一緒にすると、家族の一員である意識が高まる。

お悩み 8

思い出の写真を入れた写真たてが増えすぎた

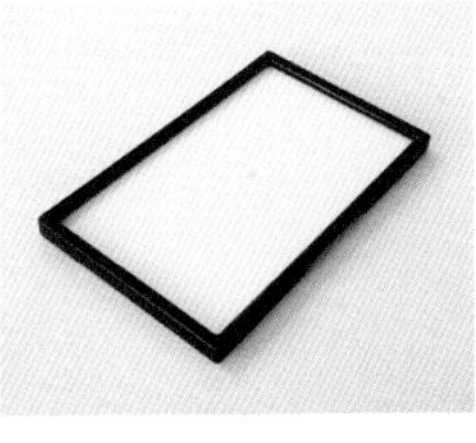

便利アイテム

フォトフレームより小さいカードサイズのケース。スペースをとらないので飾る場所の選択肢が増える。

アイテム P.92

答え 8

カードケースを利用して フォトフレームにする

思い出の写真をフォトフレームよりも小さめなカードケースに入れて飾っています。コンパクトサイズなのでたくさんの写真を飾れます。

モデル ▸ こぼめぐ

お悩み
9

増える一方のプリント類がテーブルに放置されたまま

ファイルボックスと個別フォルダーを併用し、書類管理。

フォルダーに個々の習い事や行事などの要件でラベリングができる。

答え 9

個別フォルダーつきのファイルボックスを活用

ファイルボックスと個別フォルダーを組み合わせ、ママ用、子ども用などひとりにつき1ファイルで各々の書類を管理しています。家族みんなが同じルールなので自然と習慣に。

モデル▶こぼめぐ

お悩み
10

収納場所がバラバラでなかなか勉強が始まらない

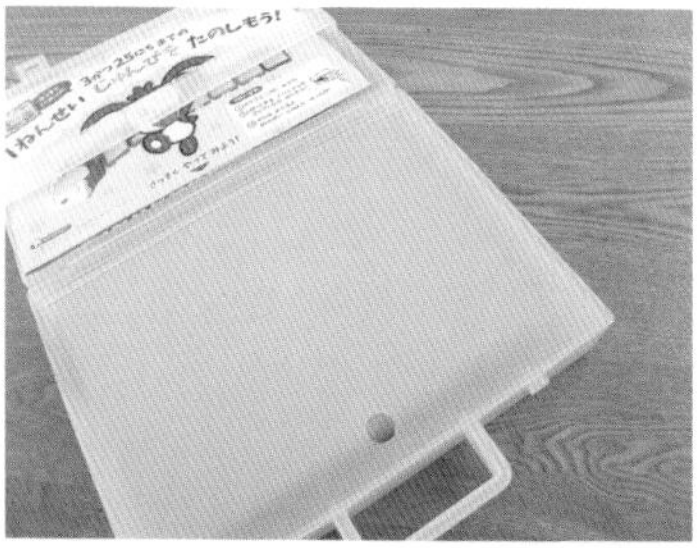

答え 10

取手つきのファイルケースで持ち運びが自由にできるように

学習道具類は取手つきのファイルケースでひとまとめにすれば、リビングなどで学習するときに持ち運びやすく、片づけもラク。写真は専用の学習キットですが、プリントや文房具もケースにまとめるとよいと思います。

モデル▶ハギヤマさんのお宅
(子ども6歳)

便利アイテム

ファイルケースは取手がついたものを選びましょう。

お悩み 11

文房具用のボックスがあるのにきちんと収められない

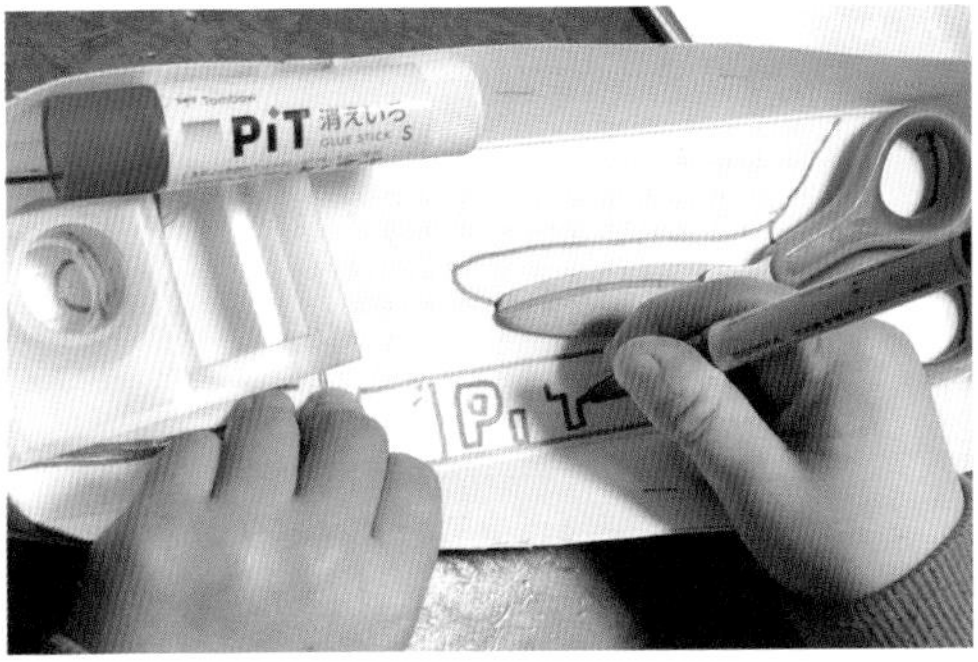

半分に切った牛乳パックにずれないように型を描き、トレイ型にしてホチキスで止める。

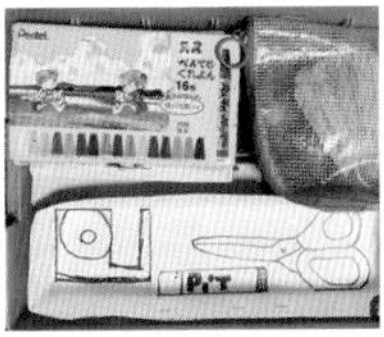

子育てヒント

- できないことの理由を見つけて「きっかけ」を作ってあげれば、子どもはどんどん吸収していく。

答え 11 道具を置く場所を決めさせナビゲートをつける

ボックス内に収納場所のナビゲートを入れています。半分に切った牛乳パックに収納物を型どった絵を描いた手作りですが、子どもはきちんとそこに収められるようになりました。

モデル▶こぼめぐ

お悩み 12

文房具をリビングに持ってきては戻さずどんどん別の文房具が増える

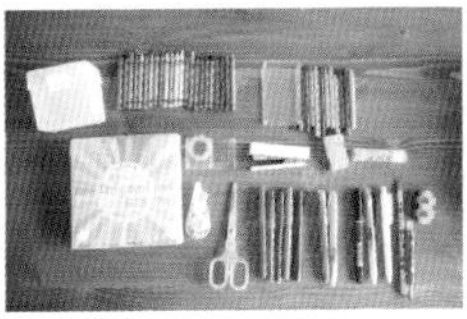

子育てヒント

- 小スペースの管理ができるようになると、スペースを大きくしたり、数を増やしたりしても整理できる力がそれにともなってついてくる。

答え 12 持ち運びできる取手つきの間仕切りボックスを活用

材料・道具は仕切りのある道具ボックスに。すべてがそろっていると興味があるときに出して、終わったら元の場所へ戻しやすくなります。

モデル▶こぼめぐ

お悩み 13

カラーボックスに置くだけ、入れるだけで無法地帯

答え 13

1箱1ジャンルにして大きめのラベルでわかりやすく管理

カラーボックスで収納する際は、大きめのラベルをつけて1箱に1ジャンルでまとめています。特にリビングで使うものは、家族ルールになって機能します。

モデル ▸ こぼめぐ

子育てヒント

- いつもの場所にいつものものがあれば、スムーズに行動できる。

ファイルボックスと個別フォルダーを併用し、書類管理。→P.36へ

お悩み 14

学校関係アイテムが増える一方で収納する場所がなくなった

答え 14

デッドスペースを活用一人ひとりのものをラックで管理

学校用品は階段下のデッドスペースを有効利用し、子どもひとりにつきひとつの組み換え自在なラックやカラーボックスを与えています。その一角ですべてがそろうので、探し物がなくなりました。

モデル ▸ こぼめぐ

子育てヒント

- 「自分用」の環境を与えることで、自分自身で解決する力が身につく。

お悩み 15

学習机を子ども部屋に設置しても リビングに宿題が散乱

答え 15

リビングの近くに 学習机やステーションを設ける

リビングの近くに学習机を設置しています。また、机の下に収まるキャスターつきのボックスを学習ステーションとして活用しています。このボックスに学校の道具を置くように決めると、学習アイテムも散らからなくなりました。

モデル ▸ ウラタさんのお宅（子ども4歳、8歳）

子育てヒント

- 子どもが過ごす場所を基準にした部屋作りをすると、ものごとの達成を感じやすくなる。

お悩み 16

リビングテーブルが 勉強道具で占領される

コンパクトなので持ち運びも便利。

答え 16

組み合わせ式の 収納棚を 小さな臨時デスク として活用

正方形1段のカラーボックスを机がわりにしています。机のほかに部屋の仕切りや収納棚としても活用でき、使用用途が広いので便利です。

モデル ▸ こぼめぐ

便利アイテム

1段のカラーボックスは、組み合わせて棚や部屋の仕切りに。写真とは違うが、カインズの「シングルボックス」がおすすめ。

アイテム P.92

お悩み 17

折り紙作品は増える一方 捨てようにも捨てられない

答え 17

ファイル型のフォトアルバムで お気に入り作品をコレクション

折り紙作品は、小さいファイル型のフォトアルバムに収納しています。アルバムに入れることでコレクション化できて、子どもも私も充実を感じています。また、収納する作品を選ぶようになり、コレクションに入れないものは友だちにプレゼントしています。

モデル ▸ 滝ちゃんさんのお宅（子ども5歳、10歳）

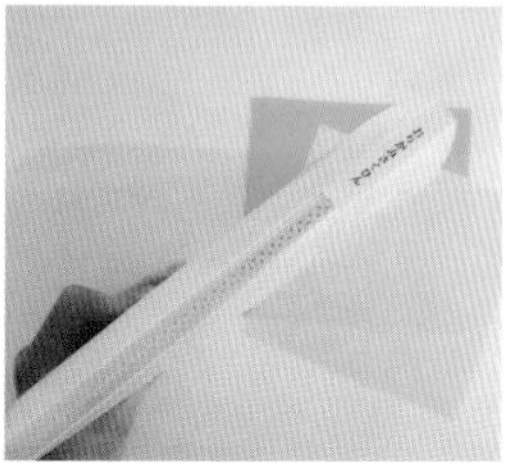

便利アイテム

無印良品のポリプロピレンアルバムはコンパクト収納に最適。1ページ2段で写真L判が2枚入るサイズのものがおすすめ。

アイテム P.92

お悩み 18

衛生用品を自分で取り出せず 「ママ、どこー?」が日常化

便利アイテム

100円ショップの積み重ねボックス（小サイズの仕切りつき/小サイズの仕切り無/大サイズ浅型）がおすすめ。サナダ精工の「POST CARD CASE」も小分けアイテムにちょうどいい。

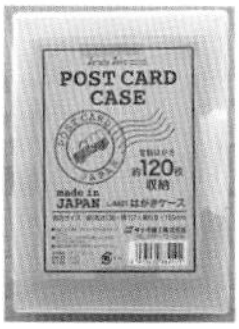

答え 18

区切りのある透明ボックスに 種類ごとに整然と収納

衛生用品は小さい透明ボックスに1種類の用品を入れて、その箱を大きいサイズの浅型透明ボックスにまとめて収納しています。種類ごとに収納することで、欲しいものがすぐに見つかり、子どもも自ら出して使えるようになりました。

モデル ▸ 菊池さんのお宅（子ども6歳、10歳、12歳）

お悩み
19

リモコン類をどこに置いたか いつも探してイライラする

答え
19

オブジェと同一場所に置くと家族内に秩序が生まれる

リモコンは所定の棚の定位置に並べるように置いています。オブジェと同じ棚に置くことで、美意識が高まるのか、複数のリモコンをきれいに並べられるようになりました。

モデル▸月井さんのお宅（子ども4歳、8歳、10歳）

子育てヒント

子どもはルールを理解すると、徹底して守る。それが集中力や継続力につながる。

お悩み
20

あれこれとものを持ってきて元の場所に戻しづらい

便利アイテム

中に入っているものが見えやすく、持ち運びやすいように、100円ショップなどに売っている、布製の袋とカゴを組み合わせて中身を整理しましょう。

答え
20

持ち運びバッグでセット持ち出し&片づけ

収納場所がバラバラのものをひとつの場所に持ってくる場合は、持ち運び用の家庭内バッグを使わせています。片づけもスムーズです。

モデル▸ふみ子さんのお宅（子ども2歳、5歳）

お着替えの時間

SPACE 03

サイズアウト、季節外れの衣服で整理の収集がつかなくなる前に、まずは必要なものと不要なものの整理を。次に衣服の種類がパッと見てわかるか、目的のものを取り出しやすいか、という点を考えた収納を目指します。

子どもの服の収納のコツ

子どもの体に合った収納

- □ 子どもの背丈に合った収納場所を用意する
- □ 引き出しは子どもの力であけられるように
- □ ラベリングはイラストやひらがなで子どもが理解できるように

⇩

子ども専用の収納アイテムが◎

種類がわかる工夫

- □ 個人のスペースを設ける
- □ 種類ごとに収納する
- □ 重ねて収納しない
- □ 一定方向に収納する

⇩

スタンドやハンガーを有効活用

着替える場所を考える

- □ 同じ場所で着脱できるように
- □ 大人の目の届くところ
- □ 洗濯物を収めやすいところ
- □ 家族一緒のところ

⇩

年齢に合わせて変更する

収納テクの基本 & 子育てのヒント

テク 1 子どもの体に合った収納アイテムに

台を使わないと届かない、力一杯でないと引き出せない、というような環境は子どもの意欲を抑えます。重ねられるボックス、高さ調整のできるハンガーラックが便利。

ヒント 1
大人の手を借りずに取り出せることで、積極的に取り組める。

テク 2 年齢に合った収納場所を考える

幼いうちは家族と一緒に着替えられる場所が安心。大きくなると子ども専用の収納アイテムで管理し、兄弟がいる場合は混在しないようにそれぞれを区分する。

ヒント 2
ものへの愛着、管理意識を徐々に高めることで、責任力が養われる。

テク 3 衣類の形状に合わせた収納の工夫をする

下着、トップス、ズボン・スカート、アウターなど形状が違うものを同じ場所に収めるのは困難。フックでとめられるハンガーなどを活用し、見えやすさ、選びやすさ、取り出しやすさを追求する。

ヒント 3
種類分けされていることで、自分でコーディネートができるように。

テク 4 一時置き、長期保管など収納方法を分ける

よく使うアウター、カバン、帽子などはお出かけ準備と片づけがスムーズにできる場所に収納を。また季節外れのものは棚の上段などで保管して混在を避ける。学校や習い事で分けて収納するのも有効。

ヒント 4
行動目的と衣類をリンクさせられ、思考力、段取り力が高まる。

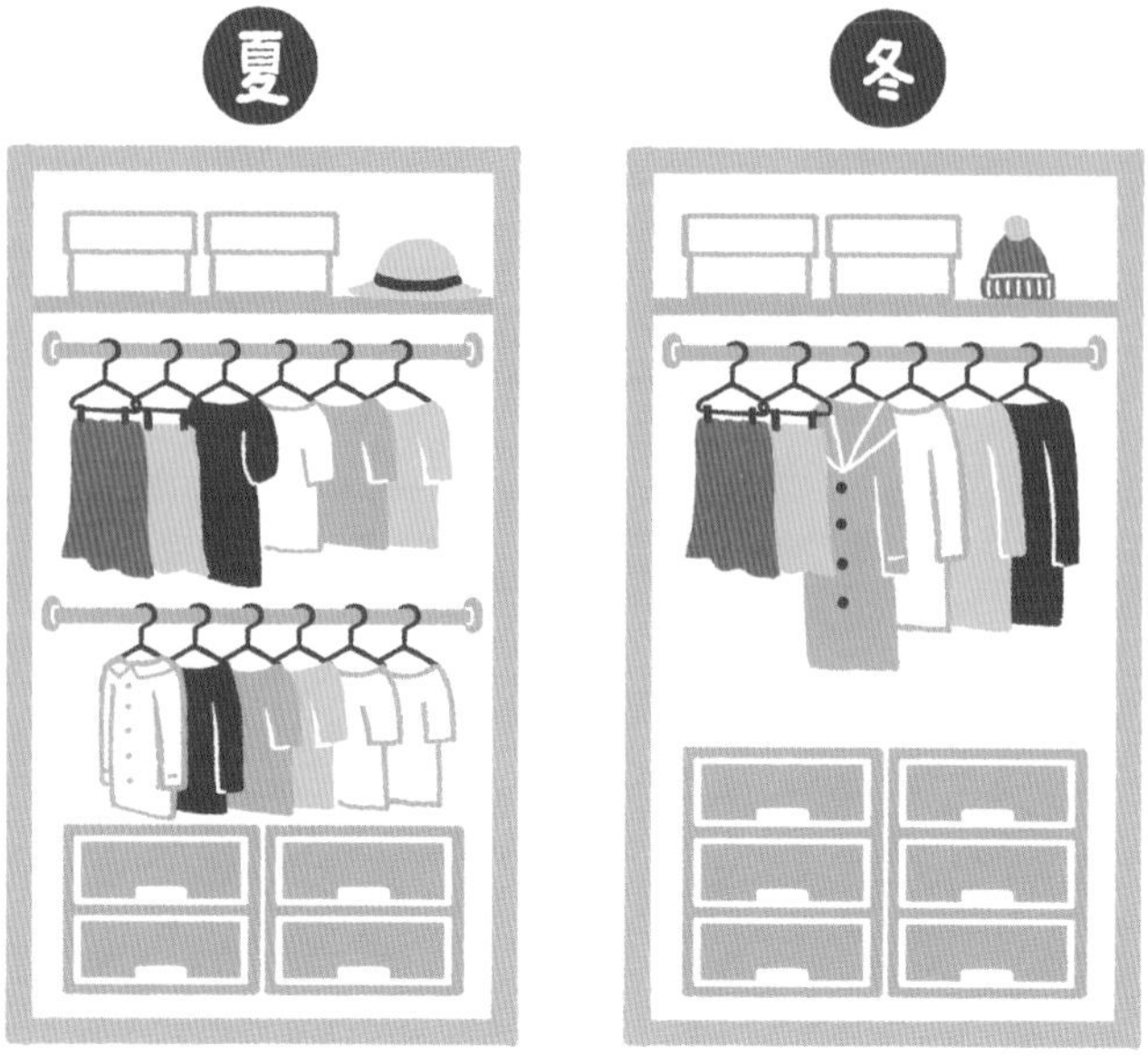

お悩み 1

寒いのに夏服、暑いのに冬服否定すると機嫌が悪くなる

子育てヒント

- 子どもは選んだものを否定されるとやる気がなくなる。逆に選んだものがOKな状態にしておけばやる気が高まる。

答え 1

アイテムは必要最低限で管理し、子どもが選べる状態にする

季節ごとや種類別で数を厳選して収納しています。子どもにとって出しやすい量がポイント。幼いうちはどれを選んでもOKにできるよう、季節外れのものは別の場所で保管しています。

モデル▸こぼめぐ

毎日着る服やおさがり服の選定方法

ジャンル	収納の分け方　例			
人（家族別）	パパ	ママ	○○ちゃん	○○くん
季　節	春	夏	秋	冬
アイテム	下着	Tシャツ	ズボン	シャツ

服がいつの間にか増えている経験はないですか。増えてしまった服を家族ごとで、季節、種類、サイズというふうに分類して選定するとよいでしょう。上の子が着れなくなって下の子がすぐそのサイズの服を着れるわけではないというような兄弟間でのおさがりの場合は、「おさがりボックス」を作って別の場所に一時保管しておきましょう。

お悩み 2

カバン類が増えて引っ掛けるフックが足りない

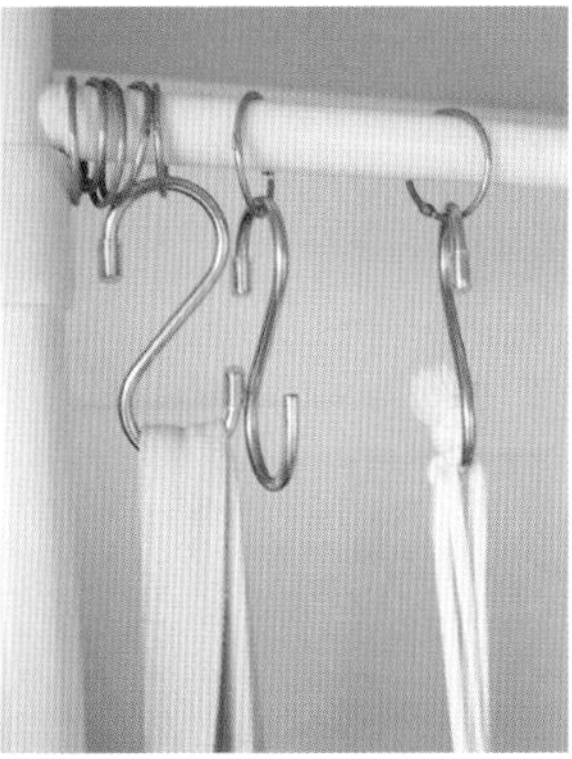

S字フックは両端に樹脂キャップがついているものを選び、パイプの口径よりも少しだけ径が大きいカードリングでフックを外れにくくする。

答え 2

S字フックをラックにつけて収納スペースを増やす

S字フックをパイプのよりも径が少し大きいカードリングでフックをズレにくくし、バッグを掛けて収納しています。

モデル ▶ こぼめぐ

子育てヒント

- 幼いうちは引っかける動作が子どもにとっては楽しいこと。興味があるうちに習慣化させるとよい。

お悩み 3

引き出しの中が服で満杯お気に入りを取り出せない

答え 3

衣類の種類に合ったハンガーでクローゼットに掛けて収納

掛けるアイテムや使う頻度によってハンガーの形状を変えています。半ズボンはピンチつきハンガーで、長ズボンはピンチのないハンガーで管理。引き出しより見やすいので、選ぶのも簡単です。

モデル ▶ こぼめぐ

子育てヒント

- 選ぶストレスがなくなり、逆に楽しくなると自主性がどんどん高まっていく。

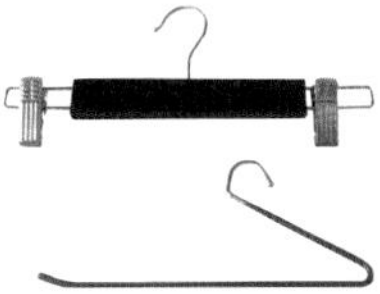

便利アイテム

半ズボンはピンチつきハンガー、長ズボンは掛けるだけのハンガー(ニトリ)に。

アイテム P.92

お悩み 4

引き出しをあけると中がぐちゃぐちゃ

答え 4

ボックスで仕切り立てて収納する

引き出しはボックスで仕切りを作り、衣類を立てて収納しています。これにより何が入っているかがひと目でわかります。子どもたちは誰が一番きれいに収納できているかを競い合い、引き出しの中をきれいに保とうという意識が高くなりました。

モデル▶松下さんのお宅
（子ども6歳、10歳、12歳）

ボックスのほか、ブックスタンドでも間仕切りできる。

お悩み 5

底にある服を取り出してすべてがぐちゃぐちゃに

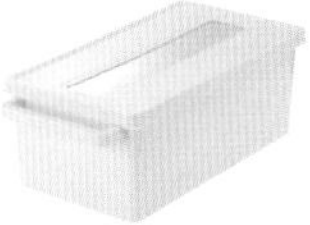

便利アイテム

一間間口の押し入れや枕棚、クローゼットの上部棚に収納する場合は、イノマタ化学の「メディアコンテナDVD用」がおすすめ。

アイテム P.92

答え 5

ボックスごとでジャンル分けしアイテムを立てて収納する

ジャンル分けをしてボックスに立てて収納しています。厚みの薄いブックスタンドを途中に挟むと、ボックス内で崩れず、出し入れがスムーズです。

モデル▶こぼめぐ

お悩み 6

衣類の種類が多くて引き出しの数が足りない

答え 6

種類ごとに浅めの箱型収納ですべてにラベリング

小さい子の場合、浅く小さな組み合わせられるボックスで管理していました。ラベリングでは、その子の成長に合わせて、絵→文字へと変えていきました。

モデル ▸ こぼめぐ

写真とは違うが、組み合わせて使える天馬の「引き出し収納ケース」などが便利。

子育てヒント

- 絵や文字など子どもが興味を持つ時期に生活の中にそれらを取り入れると、成長がぐんと高まる。
- 英語に興味を持ったときは、英語＋イラストでラベリングするのがおすすめ。

お悩み 7

服を探すときに全部の服を出してしまう

答え 7

背の高さに合った透明ボックス棚で中身を見やすく

子どもの背丈に合った透明ボックスをアイテムジャンルごとに分けて、ラベルを貼って収納しています。中身が見えるので、目的のものをすぐに見つけられます。

モデル ▸ こぼめぐ

お悩み 8

ものが多すぎて身支度ができない

子育てヒント

- ひとつの場所で身支度が完結できるようにすることで、達成感を得やすくなる。
- チェックリストを一緒に作ることもおすすめ。子どもに書かせることにより、愛着がわくと同時にリストを守る心掛けができるようになる。

子どもにとってちょうどいい大きさのミニクローゼット。

答え 8

スチールラックで高さを調整し、衣類を掛ける収納に

たたまずにかける収納ができる、スチールラックとハンガーパイプを合わせて使用しています。スチールラックは子どもの背丈に合わせ仕様を自在に変更できるため、ハンガーパイプを子どもの手に届く高さに調整しています。

モデル ▸ 小平さんのお宅(子ども3歳、6歳)

お悩み 9

押入れにシャツ類を収納できず、洋服選びをためらう

答え 9

押入れ用ハンガーラックを下段に設置する

押入れの下段に、押入れ用ハンガーラックを設置しています。自立式なので成長とともに調節ができ、いろいろな使い回しもできて便利です。

モデル ▸ こぼめぐ

便利アイテム

ニトリの「押入れ用ハンガー」は高さが調整できておすすめ。

アイテム P. 92

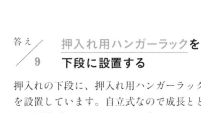

お悩み
10

兄弟の服がバラバラにひとりが散らかると連鎖する

答え
10

個々のスペースを作って管理体が大きくなったら吊す収納に

小さいうちは低い位置に収納する、ボックスの数や高さを変えるなど、兄弟それぞれに合った収納方法を選択し、各々のスペースを与えています。

モデル ▸ こぼめぐ

子育てヒント

- 選べる環境を作っておくことで、子どもが自主的に考え、想像できるようになる。

お悩み
11

つき添わないと、ひとりで着替えや片づけができない

答え
11

子どもの個性に合わせて収納方法を一緒に決める

大人と子どもでは「片づけやすい」という認識にズレがあるので、子どもの意見を聞きながら収納方法を決めました。はじめて子どもが片づけをするときは、見た目はあきらめることにして、トライアンドエラーを重ねて徐々に自信をつけさせました。

モデル ▸ ハギヤマさんのお宅（子ども6歳）

子育てヒント

- 安心感があると、何事にも挑戦しやすくなる。

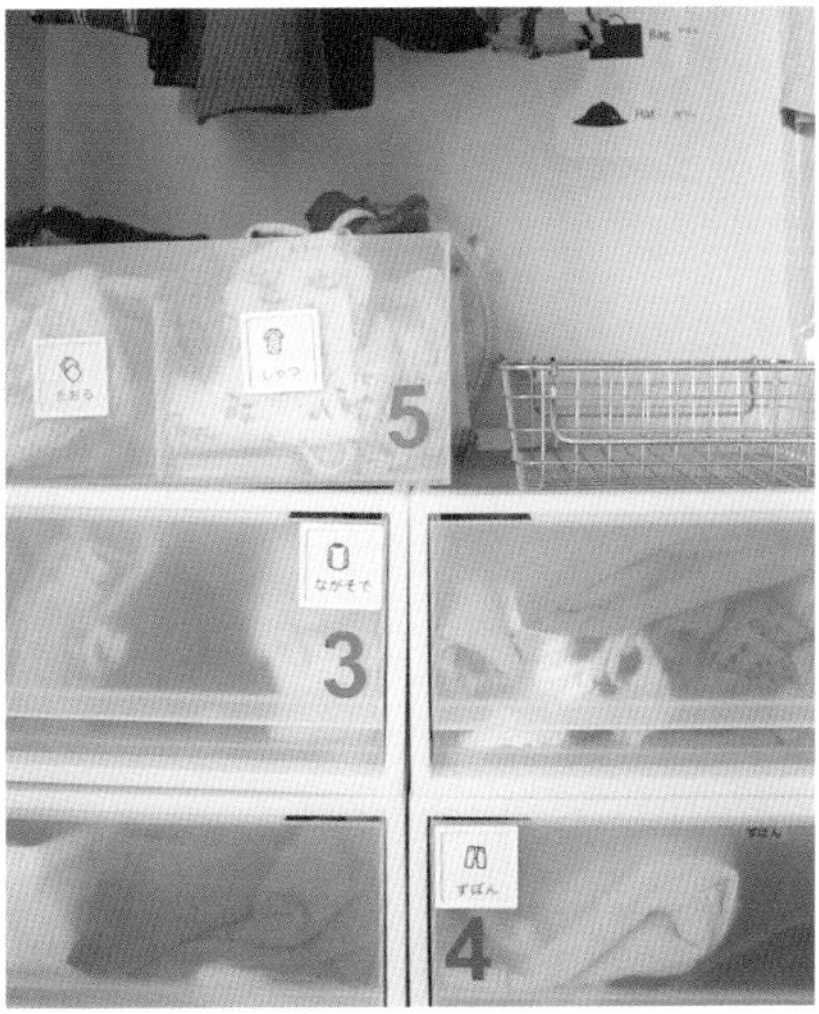

ラベルとは別に数字を入れておくと、その数字でより感覚的に種類を認識できる。

洗濯物は服の種類が見えるように、ランドリーバッグに掛けておく。

お悩み

12

洗濯物を元の位置に戻すのが億劫なよう

子育てヒント

- 自分のものだけなら終わりが見えるので、心にゆとりができる。
- 遊び要素を取り入れて、収納を競争するゲームをするのもおすすめ。

答え／12

個々のランドリーバッグを設け 自分のものに責任を持たせる

家族ひとりひとつずつのランドリーバッグを設けています。取り込んだ服をここに入れ、自分で収納します。自分のものは自分で管理する習慣が身につき、責任感も強くなりました。

モデル▶こぼめぐ

お悩み

13

時間がないのになかなか着替えてこない

答え／13

洗面所に洋服を置いて 朝の身支度をひとスペースで

洗面所に衣類の収納を設置し、ひとつの場所で身支度を完結できるようにしています。これにより行動の流れを遮ることなく、スムーズに着替えられるようになりました。

モデル▶まゆこさんのお宅
（子ども2歳、5歳）

お悩み
14

服を自分で選ぶのはいいが、コーディネートがちぐはぐ

インスタントカメラで撮影すると、すぐに見れて便利。

答え
14

写真に撮って飾り、基本のコーディネートからアレンジを

基本のコーディネートを一緒に考え、写真に撮って壁に貼っています。このコーディネートパターンを作ることにより、服選びの基本を学べます。

モデル ▶ つばめの家さんのお宅（子ども6歳）

子育てヒント

- コーディネート写真を撮影することにより、服選びを通じて想像力が育まれる。
- ごっこ遊びの感覚で服を選べ、コーディネートが楽しくなる。

自分で服選びやコーディネートをする方法

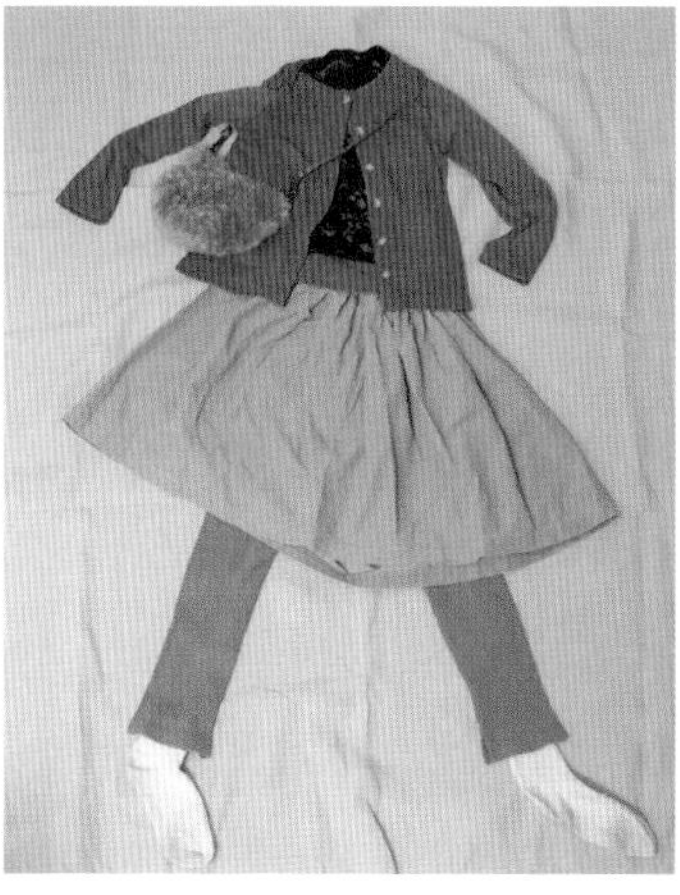

服を選ぶときは、種類別に収納しましょう。季節はずれのものは入れず、その季節のものだけ入れるようにすると、コーディネートがまとまります。また、コーディネートを考える時間を設け、白い布を広げて上着、ボトムス、靴下、小物などを並べてインスタントカメラで撮影。写真はタンスの前に貼っておくと、後日のコーディネートの参考になります。

料理を楽しむ

SPACE 04

家族の笑顔がそろう毎日の食卓。それはキッチンから作られます。
そこをママだけでなく子どもの場所にもできたら…。
子どもが出し入れしやすい収納に加え、
笑顔いっぱいの食卓にするために
子どもの役割を作り、食べる前、後の時間も大切にしましょう。

子どもの役割をかなえるポイント

食器・調理器具の出し入れ

- □ 子どもの体でも出し入れできる食器棚がある
- □ カトラリーなどは種類をすぐに確認できるように
- □ 学校や園のアイテムをしまう専用スペースを作る

持ち運びの役割ができる

食品の整理

- □ 冷蔵庫の中身がすぐにわかるように区分けする
- □ お菓子をまとめて見えやすくする
- □ 配膳しやすい工夫をする

食卓の準備ができる

料理を楽しむ

- □ 子ども専用のキッチンアイテムを用意
- □ 洗い物がしやすい工夫をする
- □ ゴミを分別できる工夫をする

キッチンを管理できる

収納テクの基本 & 子育てのヒント

テク 1 収納アイテムを取り出しやすくする

割れる、壊れるということを恐れていては、子どもは成長できない。食器は立てて取り出しやすく、また取手つきのケースに入れて引き出しやすくするなどの工夫を。

ヒント 1
スムーズに出し入れできれば、失敗を恐れずに取り組める。

テク 2 細かいものは1セットにまとめる

お弁当グッズやお手伝いアイテムなど、複数で1セットのものは、ひとつのボックスにまとめて収納する。配置決めやラベリングも重要ポイント。

ヒント 2
ものの場所が把握できていると、自発的に動けるようになる。

テク 3 いわれなくても理解できるナビゲートを作る

指示されて動くことはストレスになる可能性もある。例えば、配膳は食器の置く場所がわかるランチョンマットを使う、ゴミも分別できる目印をつけるなどして行動を導いて。

ヒント 3
目的が明確になっていると、それを守ることに充実を覚える。

テク 4 自分だけのアイテムをそろえる

マイエプロン、マイ調理道具など、自分だけのアイテムがあると役割を自覚できる。それにともなってこだわりも芽生え、何よりママと共有できる時間が増える。

ヒント 4
家族に求められているという感覚が芽生え、責任感が強くなる。

お悩み

1

食器棚から自分で取り出せない

答え／1

取手があれば引き出しやすい

家族分のお茶碗とお椀をセットにし、ひとつのカゴに入れて食器棚にしまっています。一見、引く動作が増えて面倒に感じがちですが、重なった食器を小さな手で取り出し、それを食卓まで運ぶよりもカゴごと運ぶほうがスムーズです。

モデル ▶ こぼめぐ

子育てヒント

- 食事準備の役割ができ、責任感を養うとともに充実感を得られる。

ラベルを貼ってわかりやすく。

お悩み 2

重なった食器を うまく取り出せず危険

答え 2

大きさごとに分け 立てて収納する

複数種類の重い食器が入り組んで重ねてあると、下のほうの食器は出し入れが難しくなります。種類ごとに分け、立てて収納すると出しやすいです。重ねる場合は３枚まで、というふうに制限しています。

モデル ▶ こぼめぐ

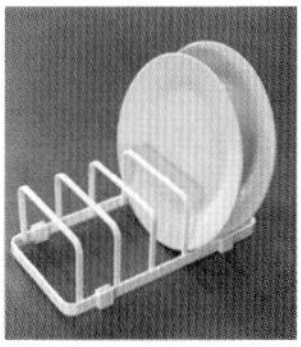

便利アイテム

食器を立てて収納できる、ニトリの「プレートスタンド FLAT」が便利。

アイテム P. 55

お悩み 3

お手伝いはそのときの気分で しない・続かない

ラベルにイラストを入れてさらにわかりやすくする。

答え 3

子ども専用のカゴにまとめて 出し入れしやすい環境に

お手伝いの道具がそれぞれ違う場所に置いてあると、まずはそれらを探すことから始めなければいけないので、子どもは億劫に感じてしまいます。道具をひとつにまとめてボックスの中に入れることで探す手間が省け、積極的にお手伝いしてくれるようになりました。

モデル ▶ まゆこさんのお宅（子ども2歳、5歳）

子育てヒント

- 自分専用のものがあることで、責任感が芽生える。

お悩み 4

お弁当箱をシンクに置いたままで洗おうとしない

散らかりやすいお弁当グッズもひとまとめに。

答え 4

洗って片づけるルーティンを子ども専用ボックスで作る

よく「家に帰るまでが遠足」といいますが、「洗ってしまうまでがお弁当」と教え、作ってくれた人やものに感謝する気持ちを大切にさせています。お弁当箱専用のボックスを使うと片づけやすく、しまう導線を短くして「いつもの場所」を作っています。

モデル ▸ こぼめぐ

お悩み 5

カトラリーがぐちゃぐちゃで種類バラバラに取り出す

詰めすぎないのがポイント。アイテムの向きもそろえる。

答え 5

仕切りに余裕を持たせカテゴリーごとのスペースに

家族の人数分以上のカトラリーがひとつのカトラリーケースに入っていると、探すのが大変。それが面倒なのでカトラリーケースへ戻さず、出しっぱなしになってしまうことも。必要分のみの数にし、仕切りを使って見ただけで目的のものがわかるようにしています。

モデル ▸ TOMOさんのお宅（子ども6歳／双子）

シンクの高さを子どもの身長に合わせて調節すると、取り組みやすくなる。

お悩み 6

洗い物に時間がかかり、面倒がってやらなくなった

答え 6

コップはひとり1種類にし洗い物の量を減らす

シンクに汚れたコップが溜まっていると、大人でもやる気が失せます。家族それぞれのコップを1個にすればその都度洗う習慣になり、洗い物自体の負担が小さく感じられます。

モデル ▸ こぼめぐ

子育てヒント

- 自分のものは自分で洗う、という習慣を身につけ、家族の分まで洗ったら「感謝」して、充実感を持たせる。

便利アイテム

食器洗いのスポンジをかわいいものにすると気持ちが高まる。大きいスポンジはカットして小さくすると扱いやすい。

ふみ台は子どもの成長に合わせて

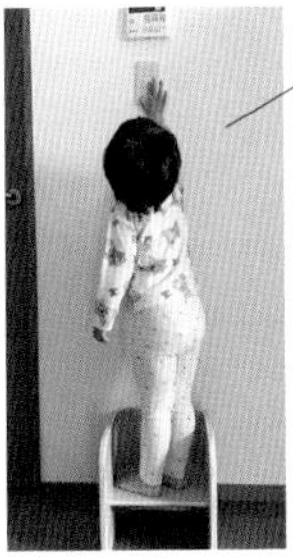

届かない

まだ
届かない

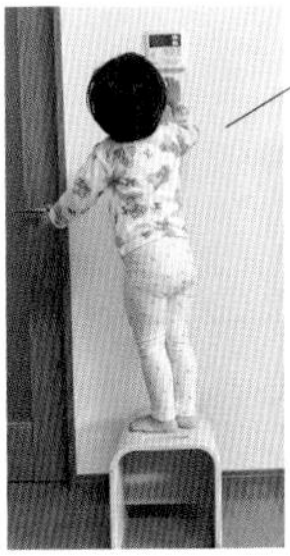

届いた！

転がすと高さが変わるスツールは、子どもの成長に合わせて使える便利アイテム。写真はHOPPLの「コロコロチェア」。

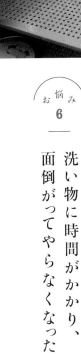

お悩み
7

冷蔵庫に無造作に食品を戻してしまう

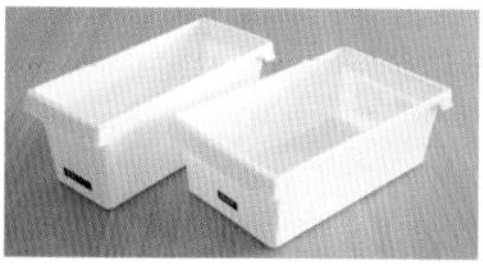

便利アイテム

ふちの部分が出っ張っているものを選ぶと使いやすい。
アイテム→P.92

子育てヒント

● 「ごはんのときは佃煮や梅干しなどが入ったこのバスケットを、パンのときはジャムやマーガリンの入ったこのバスケットを、というふうに分けておけば、子どもが自主的に考えて動けるようになる。

答え
7

ロングバスケットで種類ごとに置き場所を作る

通常の収納ボックスではなく、奥行が深い冷蔵庫に合うボックス（サナダ精工）がおすすめ。冷蔵庫内がすっきりと見やすく、子どもやパパが家事に参加しやすくなります。

モデル ▸ 室井さんのお宅（子ども0歳、2歳）

お悩み
8

お菓子の食べ残しがリビングに置きっぱなし

答え
8

持ち運びがしやすいバスケットに。

自分で用意ができるようバスケットにまとめる

おやつは種類、開封済みか否かなどで分け、バスケットでまとめます。駄菓子屋で買い物をするように、チョコ、おせんべい、あめ、ガムなどから選べる楽しさも作れます。また、無駄買いも防げます。

モデル ▸ こぼめぐ

子育てヒント

● おやつの量がわかるので、管理する力を養える。

お悩み
9

残ったお菓子の袋や箱がかさばって置き場所に困る

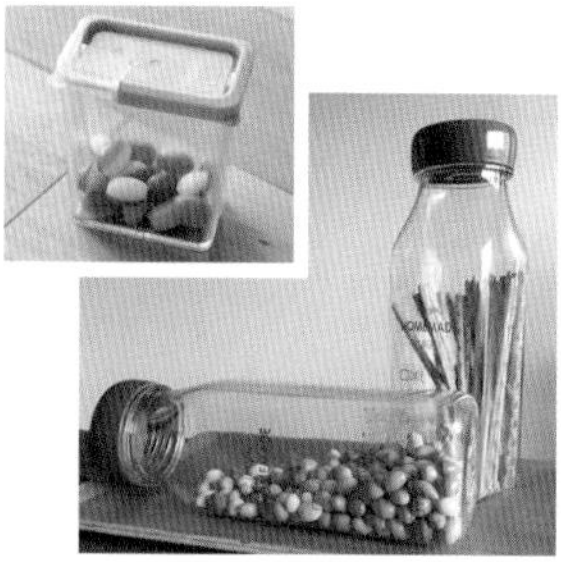

種類別に管理する。

答え
9

保存用の袋や瓶に入れ替えて賞味期限を記したシールを貼る

お菓子の種類によって容器に入れ替えて収納しています。中が見やすい透明なものがおすすめ。形を統一すると棚に並べてもきれいです。賞味期限のシールも貼っています。

モデル ▸ こぼめぐ

お悩み
10

給食アイテムを何かしら忘れてしまう

ラベルを貼ってひと目でわかるように

答え／10

給食セットのカゴに入れ学習グッズと一緒に保管

学校セットを作り、金曜に持ち帰った歯ブラシやコップ、ランチョンマットなどは洗濯やメンテナンスをしてひとつのカゴでまとめて置いておきます。カゴにはわかりやすくラベルを貼るとGood。気乗りしない中での月曜の準備をスムーズにすませられるよう、ひとまとめにすることがポイントです

モデル▸こぼめぐ

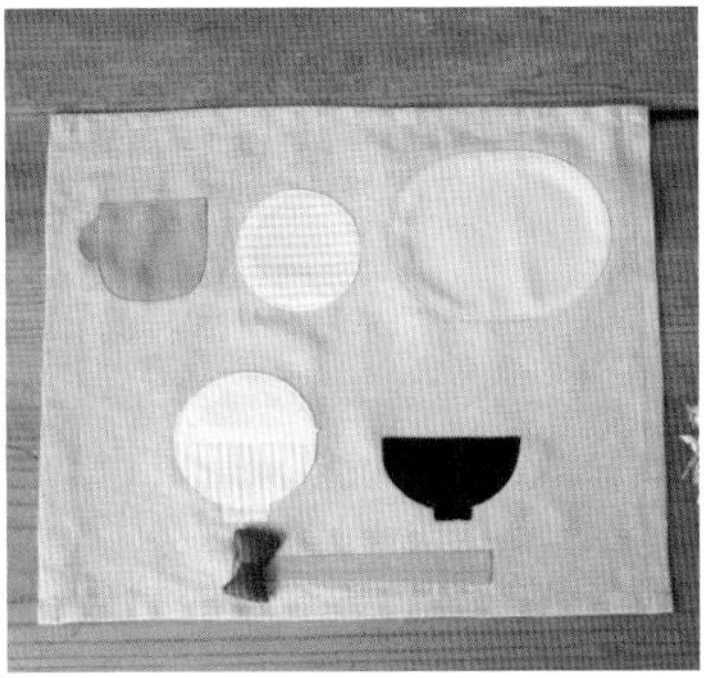

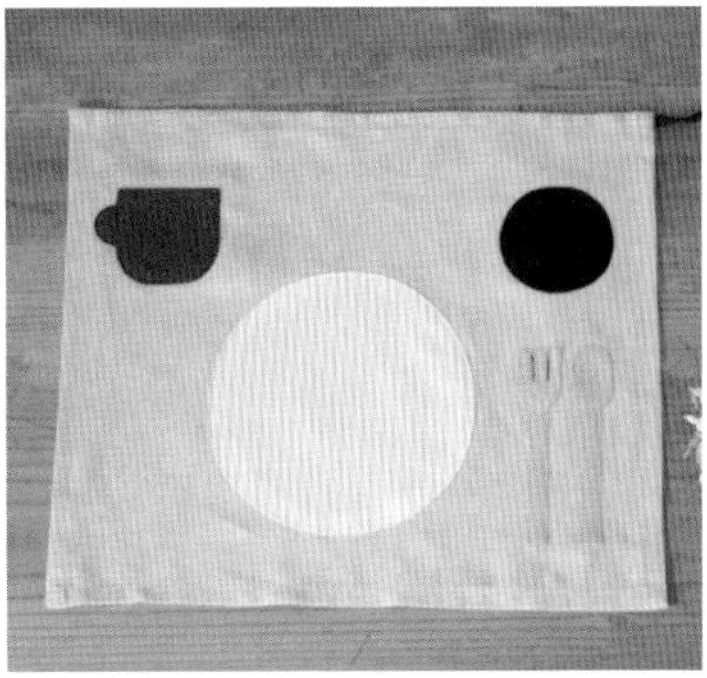

ランチョンマットに食器の印をつけてかわいく仕上げると子ども喜ぶ。

アイテム P.92

子育てヒント

- 家族内での自分の役割を果たすことで、誰かの笑顔に喜び、自分を大切にすることにつながる。

お悩み
11

食事の準備をしても配膳がバラバラで直すことに

答え／11

食器の置き場所をナビしたランチョンマットを使う

配膳ルールがわかるよう、印があるランチョンマットを用意します。目安があるとさらにわかりやすいです。どこに置くのか、どこに戻すのか、収納のルールを守る練習になります。

モデル▸つばめの家さんのお宅（子ども6歳）

絵を描いたラベルを吊るすとわかりやすい。

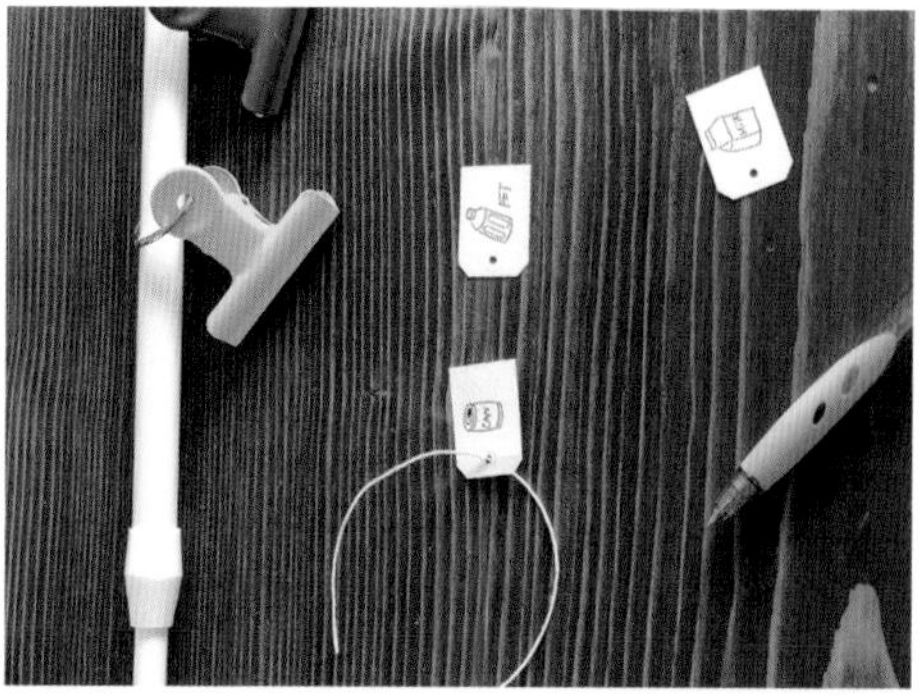

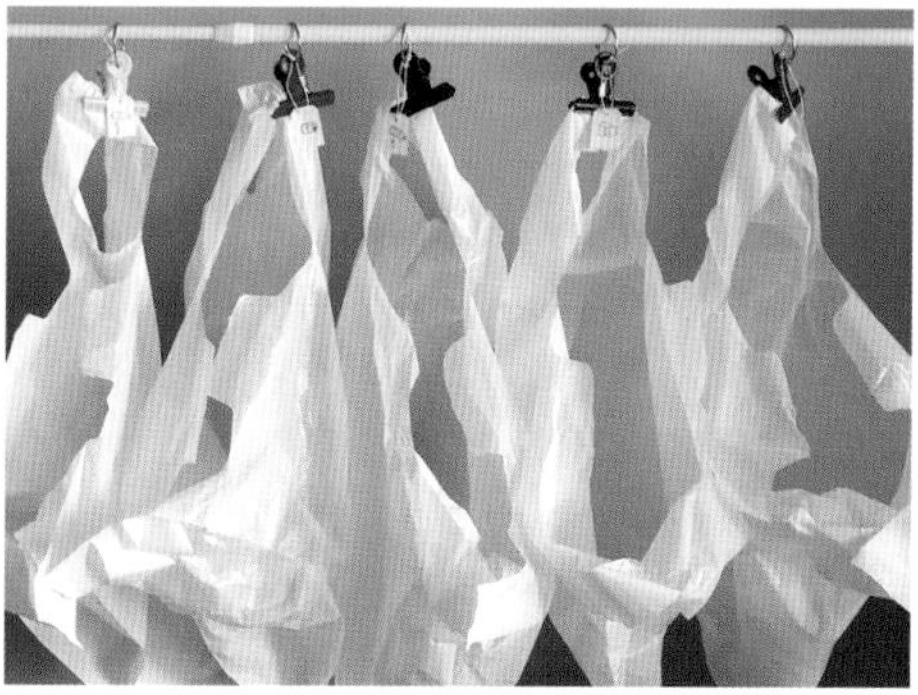

お悩み 12

ゴミ箱を品目別に置くスペースがない

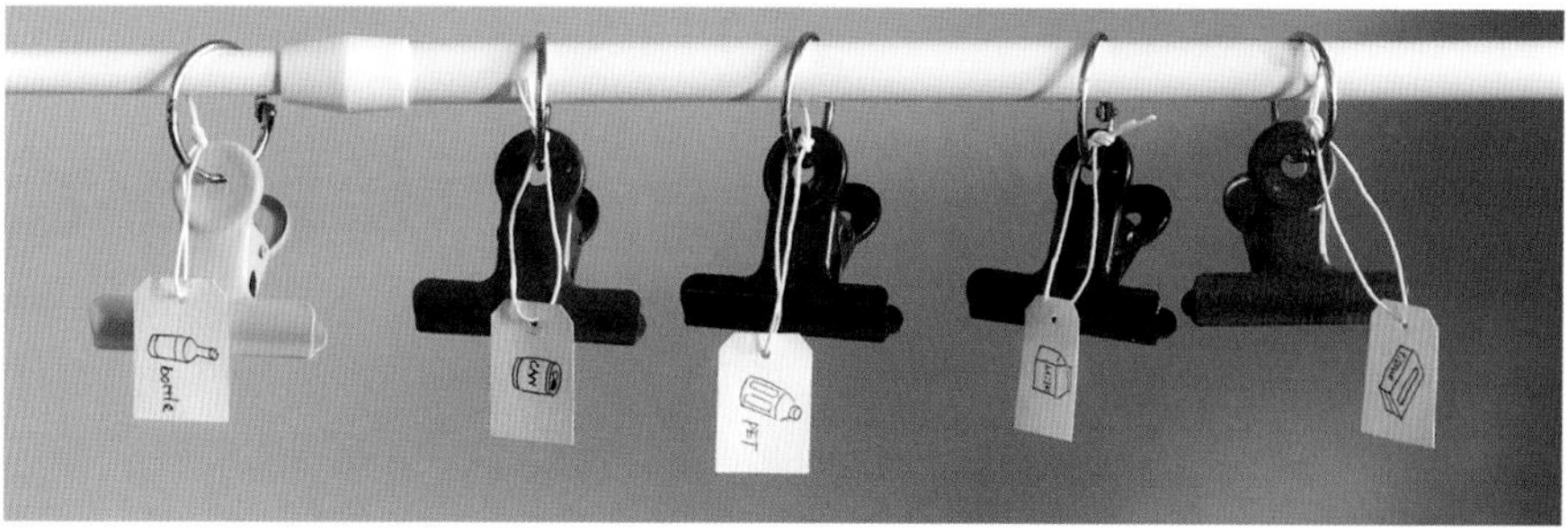

答え 12

目玉クリップで袋を吊り下げ すっきり収納で分別も◎

ゴミ箱は大きく邪魔になりがちで、分別の種類ごとに置いておくとスペースを取ってしまいます。そこで、目玉クリップをつっぱり棒にカードリングで吊るし、スーパーのレジ袋やゴミ袋を掛けています。目玉クリップの色にルールを作り、ゴミの何をどこに捨てたらよいかをわかりやすくすると、より効果的です。

モデル▶谷口さんのお宅（子ども4歳、7歳）

子育てヒント

- 社会のルールを家庭内で身につけられ、社会性が芽生える。

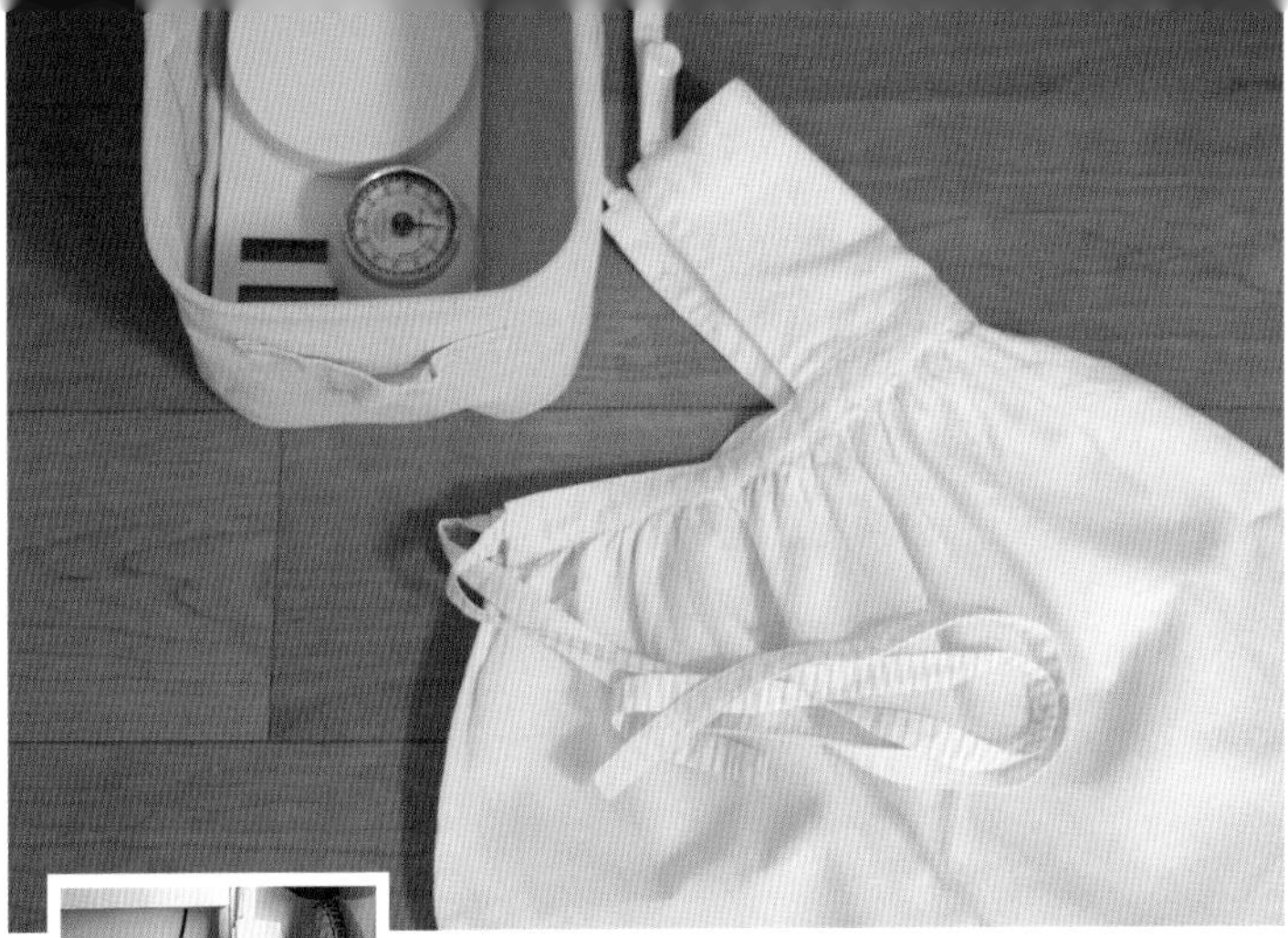

お悩み 13

料理の手伝いを途中でやめて そのうちしなくなる

ラックに掛けておけば子どもが自分で取れる。ボックス収納もOK！

答え 13

専用のエプロンをラックに掛け 自分の役割を明確にする

役割を子ども自身に選んでもらっています。それを自覚させるために、専用のエプロンが役立ちます。料理をする、という気持ちに切り替わることで続きやすくなります。我が家では子どもが自分で取って戻せるようにラックに掛けています。

モデル▸つばめの家さんのお宅（子ども6歳）

お悩み 14

親の指示がなければ 次にすることがわからない

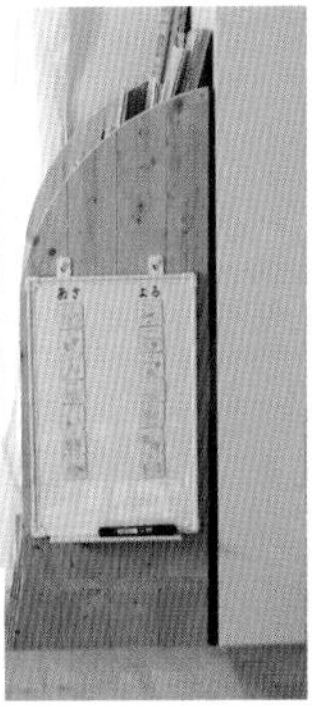

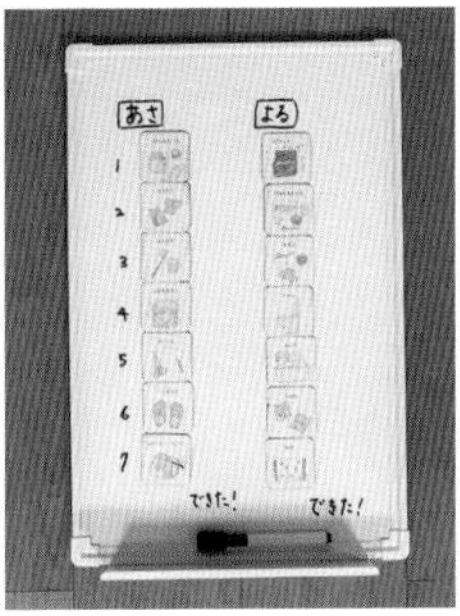

絵を描いてより わかりやすく。

答え 14

マグネットつきのボードで 役割を果たす習慣づけを

役割ごとのマグネットを作り、それをマグネットボードに貼って、終わったかどうかを“見える”化しています。子ども自身が役割を理解し、それを実行したことで達成感が出るようになりました。

モデル▸つばめの家さんのお宅（子ども6歳）

子育てヒント

● 子どもにすることを決めさせて順番も考えさせれば、計画性が身につく。

家をきれいに

SPACE 05

お家の中がきれいになる喜び、これを体感できることが
習慣づけの一歩です。体や部屋をきれいにするアイテムを
取り出しやすくすることがポイント
またそのアイテムが使いやすいことも大切です。
そして「ありがとう」の言葉で心もきれいになります。

家族の役に立つために

そうじを習慣に

- □ そうじ道具は使いやすいもので、出し入れしやすい工夫をする
- □ そうじ道具を持ち運びできる工夫をする
- □ きれいにする実体験ができる工夫をする

↓

きれいになった結果が成功体験に

体のケアをひとりで

- □ タオル類は使いやすく整理してしまう
- □ 歯ブラシグッズはコンパクトに収納して清潔に
- □ 小物アイテムを保管できる工夫をする

↓

規則正しい生活スタイルになる

収納テクの基本 & 子育てのヒント

テク 1 アイテムの出し入れをしやすく

そうじ道具がどこにあるのか、それを取り出しやすいか、目的の場所まで運びやすいかなど、子どもの目線でこれらのチェックを。「わからない」「できない」の理由はここにあり。

ヒント 1
そうじをするための過程を理解できていれば、やる気が高まる。

テク 2 そうじ道具は子ども専用の小さなものを用意する

子どもにとってちょっと大きいそうじアイテム。子ども専用の小さめのものを用意することでそうじがしやすく、親の指示がなくても動けるようになる。

ヒント 2
扱いやすい道具があると、集中力や継続力が高まる。

テク 3 体をきれいにする日用品は取りやすい決まった場所に

タオルやパジャマ、歯磨きのアイテムなど毎日使うものは、必ず同じ場所に置いておくこと。しかも子どもが手に取りやすい場所であることが原則。見た目の美しさも追求して。

ヒント 3
規律正しい生活が習慣化される。徐々に自律性も高まる。

テク 4 収納場所は目的を果たす導線を考える

お着替えや身支度は同じ場所でできるとスムーズ。洗濯物をしまうなども同様。間取り、生活スタイルにあった導線を考え、それぞれの収納場所を考えて。

ヒント 4
行動の道筋が想像できるので、段取り力、整理力が育まれる。

お悩み 1

そうじをしてくれるけど道具を元に戻せない

キャスターがあることで動かしやすい。

答え 1　キャスターボックスで元に戻しやすく

そうじ用具はちょっと子どもに重く感じるものもあります。カラーボックス用のボックスにキャスターがついたもの（ニトリ　インボックスシリーズ＋キャスター）で出し入れをしやすくしたら、子どものやる気が高まりました。

モデル▶こぼめぐ

お悩み 2

そうじ道具を選ぶことができずスタートでくじける

ひと工夫で子どもでもそうじがラクにできるように。

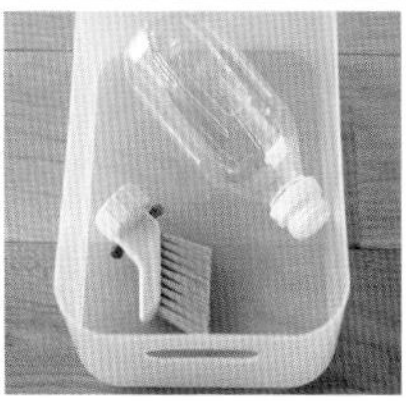

便利アイテム

ブラシと水を入れたペットボトルを組み合わせて使うタイプのもの。

子育てヒント

- 一緒に行うことで親の反応も見え、きれいになったときの喜びや、そのために動く楽しさが増す。

答え 2　子ども用のアイテムをそろえ大そうじセットを作る

子ども用のそうじ道具を用意しておくことで一緒に作業できるようになりました。100均で購入できるペットボトルの先につなげるブラシ（水道がない場所のサッシ枠などにも便利）は、子どもにも扱いやすい便利アイテムです。

モデル▶こぼめぐ

お悩み 3

ほうきとちりとりを うまく扱えなくて やる気が失せてしまう

ほうきやちりとりなどは、子ども専用の小さなサイズを用意。

Seriaの「ほうき&ちりとりセット」
アイテム P. 92

答え 3　子どもの体に合ったコンパクトな道具を準備

子どもの手のサイズに合ったものを用意します。置く場所は汚れが出やすい場所。汚れたらすぐそうじする習慣が身につきました。

モデル ▸ こぼめぐ

子育てヒント

- 自分専用のものがあると、子ども扱いされた意識にならず、自立心を養える。
- 汚したとしてもきれいにそうじをしたらほめること。

お悩み 4

場所がバラバラで着替えを自分で用意できない

引き出しごとに名前を書いてわかりやすく。

答え 4

カゴや引き出し棚を使って洗面所に衣類を置く

衣類の置く場所を一か所にまとめています。洗面所にあることで、特にお風呂上りは下着やパジャマが取り出しやすくて便利です。

モデル ▸ ゆうこさんのお宅（子ども7歳、10歳、12歳）

子育てヒント

- 脱ぐ→洗う→干す→たたむ→しまう、という一連の流れを認識させれば、目的を持った行動ができるようになる。

お悩み 5

外遊びの汚れにうんざり 子どもは知らんぷり

答え 5

汚れを落とす喜びを実体験させる

汚れたらすぐに洗えるよう、お風呂場の一角に靴下洗い用の小さな洗濯板とウタマロ石鹸を置いています。きれいになっていく過程がおもしろいようで、大人よりもていねいに洗えるようになりました。

モデル ▸ こぼめぐ

子育てヒント

- きれいになるのが目に見えるので、達成感が得られ、集中力も養える。

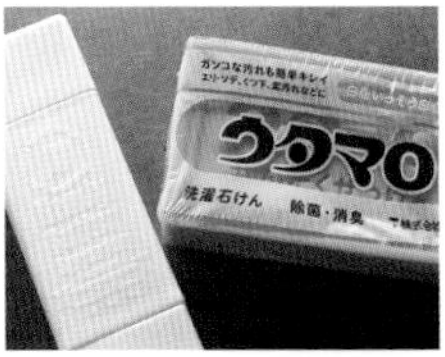

ウタマロをバタースティック（小久保工業の「直ぬりバタースティック」）に入れると扱いやすい。

お悩み
6

お風呂の準備をひとりでできない

子育てヒント

- 自分の身の回りのことは自分でする、ということを自覚し、自立心が芽生える。

子どもが取りやすい位置に置く。

答え
6

タオルやパジャマを手の届くところに置く

タオルやパジャマはお風呂の近くに置くだけで、「ママとってー」が少なくなりました。カゴやボックスに入れて引き出せるようにしているので、取り出したらきれいに戻せます。

モデル▸こばめぐ

お悩み
7

洗面所にヘアアイテムが置きっぱなし

答え
7

壁に掛ける収納で自分で身支度ができるように

アクセサリーケースを手作りして、洗面所の壁に掛けられる仕様にしました。手作りが難しい場合は、100均のウォールポケット（薬入れによく使用される）が代用できそうです。これで朝の身支度も楽しくできています。

モデル▸つばめの家さんのお宅
（子ども6歳）

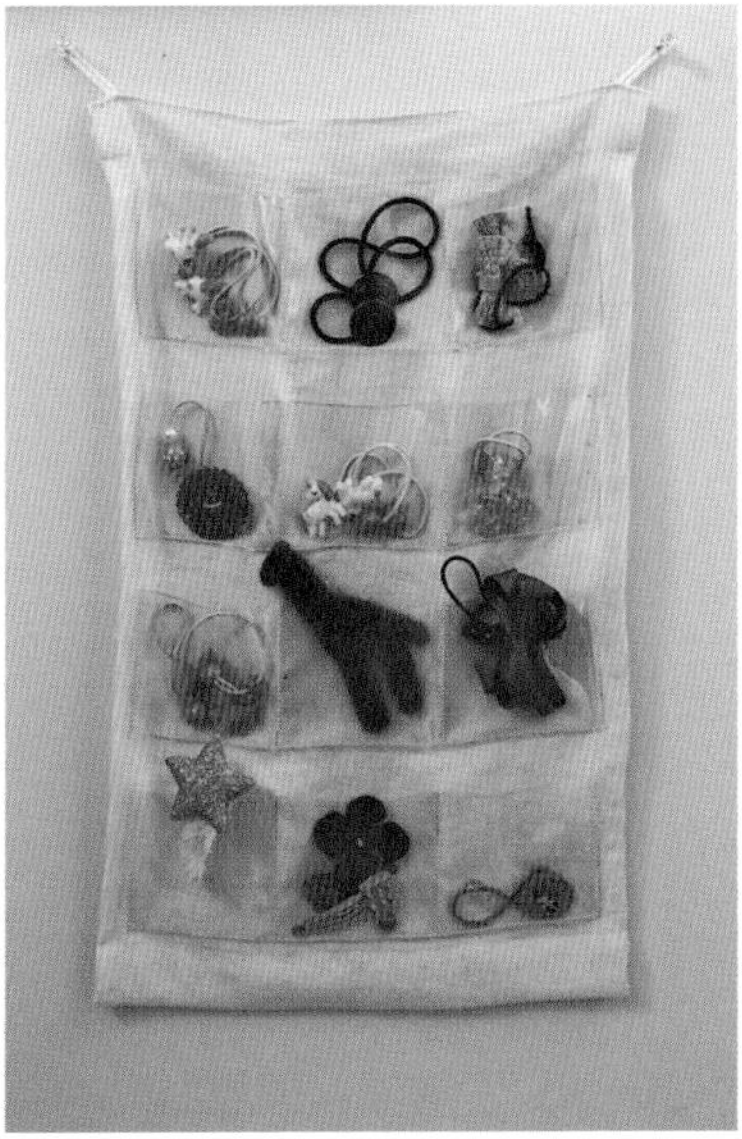

壁に掛けて収納すれば、
散らからず邪魔にならない。

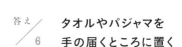

お悩み 8

お風呂におもちゃが散乱 水垢でそうじも大変

おもちゃの数を決めてすっきり収納。

答え 8

必要数のみを置き 場所も決めておく

お風呂場のおもちゃは3個まで、というように厳選し、まず散らからない物量にしています。カゴに入れてS字フックでポールに吊り下げているので、水はけもよいです。

モデル▶室井さんのお宅（子ども0歳、2歳）

子育てヒント

- 子どもが本来の目的を見失わないよう余計なものを置かないことで、規律を守らせる。

お悩み 9

洗面台のフックに手が届かずに 歯ブラシが置きっぱなし

1本ずつ収納できる歯ブラシスタンドは、そうじもしやすい。

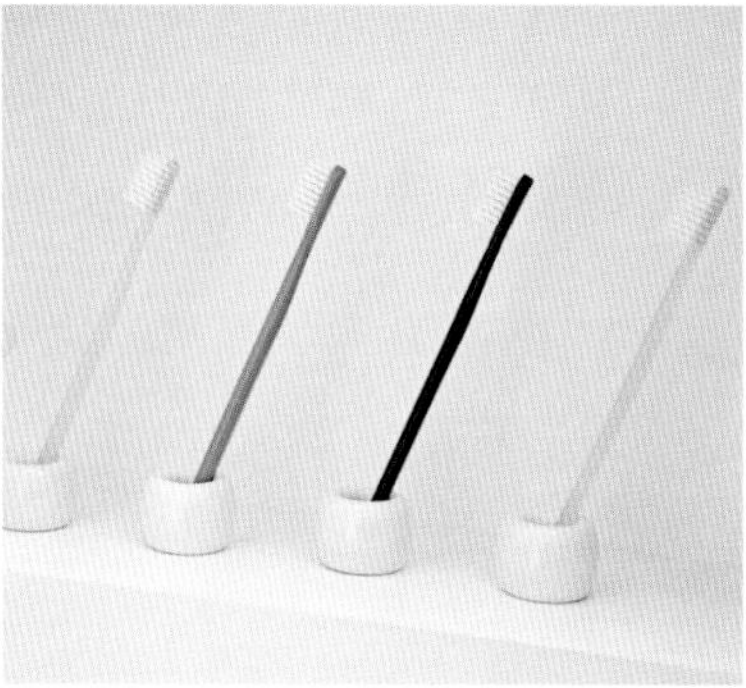

子どもが自分で取って、戻しやすい高さに置く。

答え 9

子ども専用のボックスにまとめ 手の届くところに

学校や園用の歯ブラシも専用ボックスにひとまとめにすることで持ち忘れが減ります。家でも洗面所の子どもの手が届きやすい場所に専用ボックスや歯ブラシスタンドを置くことで、「歯ブラシとって！」もなく、自分で自然に磨けるようになりました。

モデル▶こぼめぐ

お悩み 10

おむつの置き場所がバラバラ取りに行くのが大変

答え 10

持ち運びができるようバッグにセットで収納

おむつ交換は家の中でもいろいろな場所で行います。バッグに収納することで、忙しいときでもすぐに持ち運ぶことができます。おむつ、お尻ふきのほか、肌のかぶれ用の薬、ビニール袋も入れています。今では子どもが自分で取ってくるようになりました。

モデル ▶ ふみ子さんのお宅(子ども5歳、2歳)

子育てヒント

- 幼いうちから親に頼りっぱなしではなく、目的を果たすための行動力を養う。

小型でプラスチック製なので、2歳児でも運べる。

いつでも持ち運びができるよう、必要なものをグルーピングして収納。

お悩み 11

衛生用品が必要なときに自分で見つけられない

答え 11

専用ボックスで中身が見えるように収納

ごちゃごちゃしやすく失くしがちな衛生用品は、専用ケースを作って収納しています。子どもでも中に何があるかひと目でわかる透明のものを使うのがおすすめ。

モデル ▶ 菊池さんのお宅(子ども6歳、10歳、12歳)

お出かけの準備

SPACE 06

学校や外遊び、お買い物など、お家と外をつなげるのが玄関です。
幼いうちは準備のハードルを高く感じますが、
必要なものを手に取って、帰ってきたら元に戻す、
という仕組みさえ理解できていれば
お出かけがより楽しくなります。

お出かけ準備が段取り力を高める

アイテムの定位置をチェック

- □ 衣類・カバン類は同じ場所に置いているか
- □ ハンカチなどのお出かけ用の小物はまとまっているか
- □ 雨具、レジャーアイテムなどは種類で区分けできているか

⇩

自律性が高まる

行動を考えたアイテムを配置

- □ 玄関で準備ができる工夫をする
- □ 帰宅してすぐに片づけられる工夫をする
- □ 不要なものをそのままにしない配置に

⇩

時間の扱いがうまくなる

収納テクの基本 & 子育てのヒント

テク 1 便利アイテムで脱ぎっぱなしを防ぐ

よく使うものは取り出して戻すのが容易にできる工夫を。フックに上着や帽子を引っ掛ける、靴を決まった場所にそろえる、というふうにルーティン化するのがポイント。

ヒント1
お家の外と中の切り替えができ、メリハリのある生活スタイルに。

テク 2 行動目的ごとに種類分けして収納する

成長するにつれ行動範囲が広がり、アイテムも増える。子どもの頭でも整理できるようにするため、習い事のアイテム、遊びのアイテムなどが区分けされた収納場所にしよう。

ヒント2
目的を果たす行動ができるようになり、充実を得られる。

テク 3 小スペースを有効活用する

お出かけアイテムは大きさも形もそれぞれ違う。直置きするだけでなく、突っ張り棒やS字フックなどを活用して空間を有効に使えば、見た目がよく、出し入れもしやすくなる。

ヒント3
所有物がひと目でわかるので、時間を有効活用できる。

テク 4 次の行動を考えた収納と整理を子どもに伝える

靴をそろえておくのは見た目だけでなく、次に履きやすいためという理由があるように、フックに掛ける服の数や重ね置きをしない理由をしっかり教える。

ヒント4
先を考えた行動ができ、他人の気持ちも考えられるようになる。

お悩み 1

帽子を脱ぎっぱなし ボックスに入れると型崩れ

答え 1

有孔ボードにフックを掛け 高さを調節できるように

脱ぎっぱなしの帽子は有孔ボードにフックで掛けるだけ。子どもが幼いときは低い位置の穴に掛けるほか、ボードごと高さを調整するなどして、子どもの成長に合わせることができます。

モデル ▸ こぼめぐ

子どもが大きくなっても調節できる有孔ボードがおすすめ。

お悩み 2

カバンの種類が増えて 収納場所がなくなった

答え 2

収納ラックのパイプにフックを掛けて吊り下げる

場所をとってしまうたくさんのカバンは、ラックにS字フックを掛け、吊り下げて収納しています。ショルダーベルトが絡まらず、すっきりしました。

モデル ▸ ふみ子さんのお宅
（子ども2歳、5歳）

子育てヒント

- 登園用グッズをまとめているので、子どもが覚えやすく、また身支度の動線が短くなるのでストレスがなくなる。

重いカバンを掛ける場合は、
2重になっているS字フックがおすすめ。

お悩み 3

習い事の衣類が バラバラで準備がしにくい

答え 3

習い事ごとのボックスに ラベルをつけて管理

習い事の衣類が混ざってしまう悩みはボックスで解決。それぞれにラベルを貼ることでスムーズに出し入れできるようになりました。

モデル ▶ ゆうこさんのお宅（子ども7歳、10歳、12歳）

同じ種類のボックスでそろえれば見た目がきれいに。

子育てヒント

習い事の前に自分で用意できるようになり、自己管理能力が身につく。

お悩み 4

アウターをフックに たくさん掛けて それごと落下してしまう

心がけてほしいことをメッセージラベルで伝える。

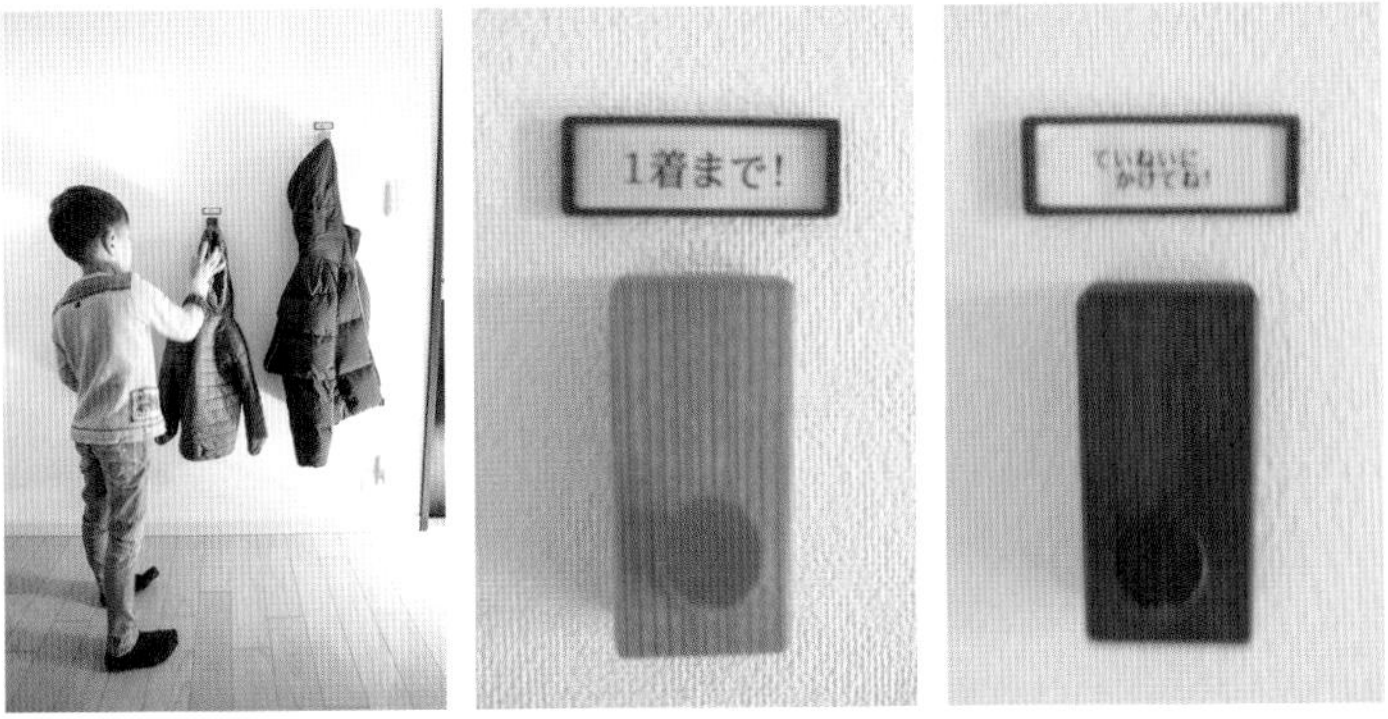

答え 4

1着ずつ専用フックを壁に 子どもに向けたメッセージも

ひとつのフックに複数のアウターを掛けないように、必要な数のフックを壁に取りつけています。また、「1着まで」とか「ていねいに掛けてね」といったメッセージを添えています。

モデル ▶ こぼめぐ

子育てヒント

- 声かけできないときはメッセージで。安心感があるので自信がつきやすくなる。

パイプにS字フックを掛ければそうじ道具の収納も可能。

お悩み 5

外で使うものが玄関に置きっぱなし

答え 5　壁に掛ける・吊るす収納を随所に取り入れる

帽子や傘、外遊びのおもちゃなどはパイプやフックを使って壁に掛けたり、吊るしたりして収納しています。片手で取って戻せるので、大人も子どももラクちんです。

モデル ▸ まゆこさんのお宅（子ども2歳、5歳）

子育てヒント

- 出かける前、帰宅後にするべきことを認識し、準備の大切さを学ぶ。

お悩み 6

傘やカッパなどの雨具が玄関に散乱している

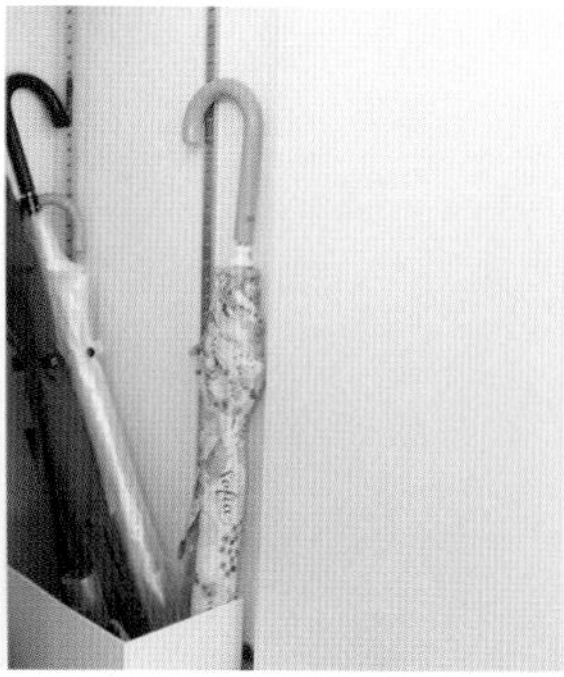

雨の日のアイテムも靴箱の中で完結。

答え 6　外で使うものはまとめて靴箱の中へ

コの字ラックを使って、靴の上のスペースを無駄にしない工夫をしました。また、思い切って靴箱の中に傘立てを入れ、子どもの長靴と傘をセットでしまいやすくしました。

モデル ▸ ハギヤマさんのお宅（子ども6歳）

子育てヒント

- 傘をきれいにたたむ練習は、手の器用さを養うだけでなく、収納のしやすさを意識するといった思考力が身につく。

日常用と習い事用でしっかり分けると混乱しない。

お悩み 7

習い事のアイテムが日常のアイテムに混在

答え 7

手に取りやすい場所に専用のボックスで収納

習い事のアイテムと日常のアイテムが混ざっていると、忘れ物の原因に。それぞれ分けてボックスを使って管理しています。その場所に収納するのは子どもの役割です。

モデル ▸ Yukoさんのお宅（子ども11歳、13歳）

子育てヒント

- 自分の身の回りのことを自分で整理することで、管理能力が養われる。

お悩み 8

遊んで帰ってきた後にすぐに片づけられない

答え 5

靴箱の中にボックスを入れて収納

散らかりやすい外遊びのアイテムは、ボックスに入れて靴箱の中に収納しています。それぞれに定位置があることでわかりやすくなり、自ら片づけてくれるようになりました。

モデル ▸ まゆこさんのお宅（子ども5歳、2歳）

子育てヒント

- 遊んだあとは片づけるというルールを守って責任感を養う。

大人の靴は上段、子どもの靴は下段に。靴の種類も分けて並べる。

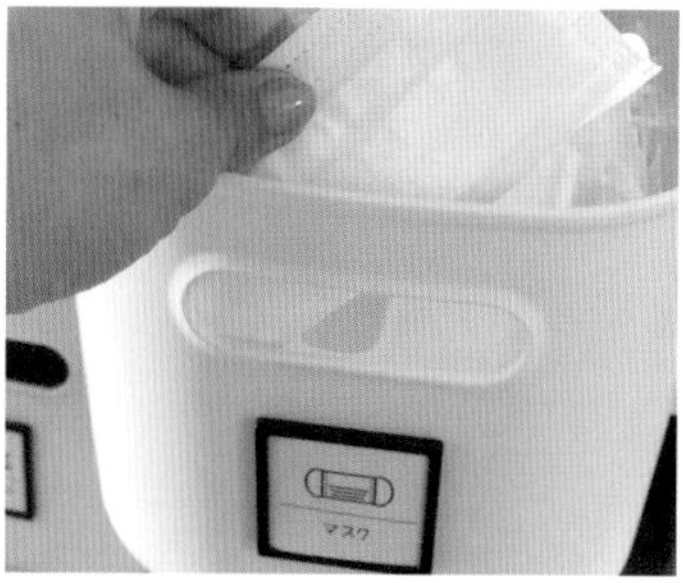

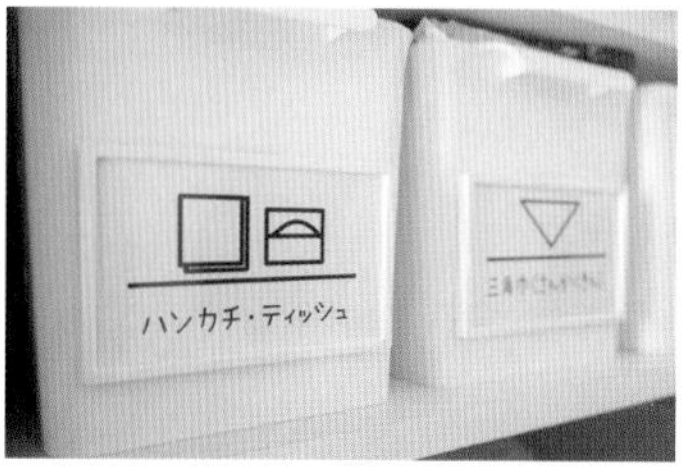

登校グッズをまとめておいて忘れ物を防ぐ。

お悩み 9

朝の忙しい時間「ママ、ハンカチどこ？」と連呼

答え 9

備品を専用ケースに入れ替え、ラベルで見える化する

ハンカチティッシュは靴箱付近にひとまとめ。リビングに登園・登校グッズを置いている場合はそこへハンカチティッシュもボックスに入れています。子どもが自分で身支度できます。

モデル ▸ こぼめぐ

子育てヒント

- 習慣を大切にし、落ち着いた行動ができるようになる。

お悩み 10

ポールが高くて子どもの手が届かない

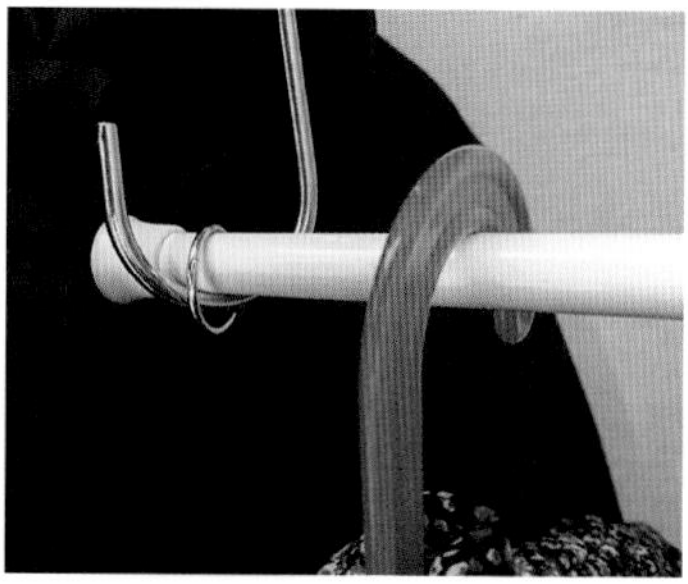

S字フックとつっぱり棒にリング（固定金具）をつけて、S字フックが外れるのを防止。

答え 10

S字フックとつっぱり棒で子ども専用のアウター掛けに

ロングタイプのS字フックを2つ用意し、そこにつっぱり棒を架ければ子どもが使いやすいアウター掛けの完成。長さが変えられるので、スペースの空き具合によって調節ができて便利です。

モデル ▸ 菊池さんのお宅（子ども6歳、10歳、12歳）

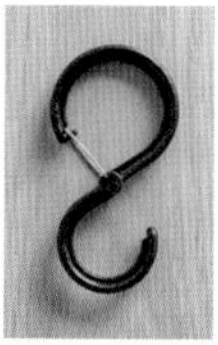

便利アイテム

S字フックにストッパーがついたものもある。ポールなどからS字フックが外れることを防げる。

アイテム P.92

子育てヒント

- 自分の身の回りのことを自分でできるようになる。

お悩み
11

アウトドア用品が場所をとって邪魔

答え
11

仕切りを利用して棚にまとめて収納

収納するアイテムの高さに合わせて仕切りの位置を調節しています。長さのあるものは基本的に立てて収納し、スペースに無駄が出ないようにしています。

モデル▶まゆこさんのお宅
（子ども2歳、5歳）

下に段ボールを敷いて汚れを防止。

便利アイテム

防災グッズや備品はボックスにひとまとめにしておくとよい。

お悩み
12

出かける前に必要なものが見つからない

扉裏にフックをつけて鍵の収納場所に。

答え
12

靴箱での一括収納で必要なものが一か所でそろう

子どもが必要とするものをできるだけ靴箱に収めるようにしました。靴を出す際におもちゃも一緒に持ち運べます。また靴箱の扉裏を鍵の収納場所にすることで、鍵の行方不明もなくなりました。

モデル▶冨田さんのお宅（子ども6歳、9歳）

収納改造と子育て記録

のんちゃんの“片づけが楽しい”

当時2歳ののんちゃんは片づけ方がわかりませんでした。
というよりも片づけ方を知らなかったのです。正しい片づけを経験すると、
のんちゃんは片づけ方をどんどん身につけていきました。

主婦31歳（夫、のんちゃん2歳、つねくん0歳）の悩み

お悩み 1 — 収納スペースを使いこなせていない。

お悩み 2 — ものが増える一方で整理する気力も失せる。

お悩み 3 — 子育てに追われ、ものを出しっ放しにしてしまう。

子ども部屋が

お悩み　収納場所はあるのに雑多。

収納大改造!

答え　種類ごとに収納場所を決めた。

空いているところに詰める、置くという状況だったのが、
ものの居場所を決めるだけで片づけられ、遊ぶ空間が生まれた。

適正の物量にし、棚で種類分け。
のんちゃんは毎日パトロールして、
定位置にあるかをチェックするように!

キッチンが収納大改造！

お悩み｜目的のものを探すのにひと苦労。

答え｜同種のボックスに統一し、ラベリング！

棚を３段にして、すべてがボックスに入るように。
ボックスは種類を統一して、ラベリングで中身がわかるように。

ハンカチや紙類も同様の収納で、
家族みんながすぐに見つけて取り出せる。

クローゼットが収納大改造！

お悩み｜家族のものが混在している。

答え｜人別の配置をし、オンシーズンのみの衣類に。

人別、シーズン、頻度を考えてまとめる。子どもの成長に
合わせて配置を変更し、自分で着替えができるように。

靴箱も同様で、子どものものは
手の届く位置に。

家族の変化

ママが正しい片づけを学び、子どもと一緒に経験したことで、
のんちゃんは真似をしながら片づけ方を身につけていった。
収納が崩れたときも解決方法がすぐに見つかるようになった。

- ママが正しい片づけを学ぶ
- 一緒に片づけを経験する
- 子どもが片づけを真似する
- 自信がついて自分で行う

時間ができて心に余裕が生まれ、
家族が笑顔に!

のんちゃんが自主的に行動

のんちゃんは自ら気づいて片づけをするように。
親の声かけと、「ありがとう」の言葉で、意欲はさらにアップ！

のんちゃん「全部出して〜」
ママ「何があるかな〜ってよくみて〜」

のんちゃん「同じ種類をまとめて〜」
ママ「ちゃんと立てて並べて〜」

ママ「倒れないようにまとめて〜」

のんちゃん「よいしょっ」

のんちゃん「シールも見えるし」
「うん、できた！」

ママ「のんちゃん、ありがとう！」

片づけは習慣となり、選択する力、想像力が育まれた！

片づけ×子育ての心得

大そうじやリフォームというような大きな取り組みだけで、子どもが片づけしやすくなるわけではありません。日々の暮らしの中で、いかに子どもと向き合うか。普段の子育ての中に片づけを取り入れ、少しの変化を受け止めることを意識しましょう。

1. できない理由を見つける
2. 遊び感覚を取り入れる
3. チャレンジを促す
4. 家族と一緒に行う
5. 成功体験を積み重ねる

片づけ × 子育て

1

まずは甘えに応えて安心感を与える 意欲が出れば大人の心も整う

「なぜ、片づけしないの？」という疑問を、「どうしたら片づけやすい？」と変えることが、子どもの成長を促すスイッチボタン。その理由がわかると、大人はやさしい気持ちになれ、「見守る」「待つ」ことが自然にできるようになります。

赤ちゃんのときはすべて〝依存〟の中にいます。やがて成長とともに少しずつ〝自立〟していきますが、この過程には〝甘え〟が必要。これに親が応えると〝安心感〟となり、次に「自分の思い通りにできない」という〝不自由さ〟を感じるようになります。そのとき、親は子どもから一歩離れると、何でも自分でやってみたくなります。これが〝意欲〟です。

片づけにおいても、この子どもの心の変化を理解して、子どもと接することが大切なのです。

伸びる！

こぼめぐ流　片づけのきっかけ作り

甘えてもよい雰囲気を作る

- 小学生未満はできるだけ大人が一緒に行う
- 小学生以上はルール通りに行えているかをチェックする
- 子どもの状況を観察して声をかけやSOSのサインを導く

自分で取り組める環境を作る

- 小学生未満は声かけで行動を促す
- 小学生以上は、しばらくの間、見守る
- 放置はせずに、ときには声かけやフォローをする

状況に応じて手を差し伸べる

- 小学生未満は片づけの役割を親子で分ける
- 小学生以上は時間を設定し、規律を作る
- 「何か違うよね」「これはどこ？」と声かけで背中を押す

忙しくても意欲があるときは任せる（見守る）

- 小学生未満は家事の手を止めて子どもの声に耳を傾ける
- 小学生以上は応答をし、家事が終わるまで待ってもらう
- どんな状況でも取り組み後は褒め言葉や感謝を伝える

↓

だから　子どもが取り組みやすくなる

↓

だから　大人の負担が減り、より穏やかな気持ちになれる

2

遊び感覚を取り入れて片づけを楽しいものに

大人でも義務とされるものにはストレスを感じます。子どもも同様で、ルールだから、役割だからという理由だけでは楽しく片づけに取り組めません。

そんなとき、片づけにゲーム感覚を取り入れてはいかがでしょうか？ 例えば登園用のバッグにものを入れるとき、バッグの口をワニの口に見立てて、その口にパックンとされないようにものを入れるゲームをします。特に大人が口にかまれると子どもは大はしゃぎ。5歳くらいになるときれいに片づける競争を大人と一緒にするのもよいでしょう。小学生になると時間を設定してハードルを上げるなど、年齢に応じてゲームの種類を変えます。遊び感覚で楽しめ、いつしか片づけが習慣になっていきます。

やる気UP!

こぼめぐ流 片づけの遊び方

カバンやフタつきボックスで、パクパクゲーム

カバンの口やボックスのフタ（ケガをしない素材のもの）を動物の口に見立てます。大人が口を動かす役割で、子どもは開閉する口にかまれないようにものを入れます。ものを入れる役を大人と交代すると、さらに盛り上がります。

どっちがきれいに片づけたかなゲーム

時間を競うと雑になりがちですが、きれいさを競えば片づけ本来の達成感を得られます。競争の結果より「前よりきれいになったね」と達成度を褒めてください。小学生になれば「片づけのあとにおやつね」と時間を意識させてもよいでしょう。

「何かが違うよ」間違い探しゲーム

片づけが終わったら、元の状態にちゃんと戻っているかを確認するゲーム。子どもが間違えていたら「あれ、どこか違うなあ」と声をかけて気づかせます。大人がわざと間違えて子どもからの指摘を待つとか、「これどこ？」と聞くなどすると子どもの反応が敏感に。

3

安心をいっぱい与えて意欲をどんどん高めよう

新しいことに挑戦したい、という子どもの気持ちを継続させることが大人の役割です。とはいえ、家事をしているとその意欲をふさいでしまうこともあるでしょう。NGなのは「今忙しいから」と突き放してしまうこと。

幼児の場合は、できる限り手を止めて子どもと向き合ってください。その際、しゃがんで目の高さを同じにすると子どもは安心します。年長や小学生になると「こぼしてしまうから」「時間がないから」と考えず、ある程度を任せ、最後は必ず一緒に確認し、子どもに「できた！」を味わわせてください。また、子どもの成長に合わせて、管理するスペースと、収納アイテムの数、部屋の一画、部屋全体というように広げていくとよいでしょう。達成感を得ると、意欲はさらに高まります。

悩み解決！

こぼめぐ流　こんなときの対応の仕方

Q 朝の忙しい時間に限って手伝いをしたがって困る

A 子どもは「大変そうなママを助けたい」と思っているかもしれません。ちょっとしたことでもいいので役割を与え、例えば何かをこぼしたときのために、自分でふける床ふきや道具を近くに置いておき、最後まで取り組めるような環境を作っておきましょう。

Q 子どもがいつも隣にいたがって、自分で行動しない

A 個人差がありますが、まずはおもちゃ箱や本棚など収納場所をママの近くに設置し、一緒に取り組みましょう。その空間を管理する責任が生まれたらスペースを大きくすればよく、子ども専用の個室が必要とは限りません。また幼児のうちは一緒にいる時間を大切に。

Q 「ママやって！」という言葉についつい手を貸してしまう

A 甘えたがっていると感じたら途中まで一緒に行い、気持ちが落ち着いたところで子どもに任せます。きちんと取り組めたら「すごいね、できたね」とひと言を。ただやり方がわからないだけなら、時間を作って片づけ方を教えながら一緒に行うとよいでしょう。

Q 何歳ころから片づけを積極的にやらせたらよいのか？

A 体が自由に動かせない赤ちゃんのころから片づけの習慣作りは始まっています。この時期は“自分のもの”という意識を持たせるだけでも十分。例えば、「○○ちゃんのカバン、あけるね」と声をかけると、それが自分のものだと認識し、ものへの愛着心も生まれます。

Q 壊れやすいものを触らせるのが心配

A ガラスや陶器の食器を落として割ってしまう。これはものを慎重に扱う体験です。落としても大丈夫なものを使わせるより、本物に触れさせて扱い方や、ものの大切さを理解させるほうがよいでしょう。ただし、刃物など危険なものの扱いは慎重に。

片づけ × 子育て

4

ママと子どもとの約束ではなくて我が家のルールを作ろう

ひとりでできることが増えてくると、子どもは自分と誰かを比べるようになります。そのとき片づけやそうじに参加しない家族がいると、子どもの心に迷いが生まれることも。ママと子どもの約束をふたりだけのものにせず、家族というひとつの社会のルールにすることが大切です。ママとの組み合わせだけでなく、パパや兄弟と一緒に取り組める機会を増やしてください。違う人から「こんなに上手にできるようになったの」といわれると、子どもの達成感がぐんと高まります。

　家族ルールは、文字が読めないうちはイラストのマグネットをボードに貼って示すのもひとつの方法です。小学生にもなれば「脱いだものはカゴに」とか、「掛ける服はひとつまで」というように、文字で示すのもひとつです。

より効果的！

こぼめぐ流　パパの演技力の見せどころ

休日にはパパが片づけのレクチャー役

パパの発言は特別感があります。子どもは「知っているよ、ほらできるもん」と普段できていることを自慢したくて奮起することもあるでしょう。ここで大切なのはパパのリアクションと、褒め言葉。ちょっとオーバーでもOK！

パパが生徒役で子どもが先生役

パパが「どこに戻したらいいの」と質問。すると子どもは「ここだよ。ちゃんと覚えておいて」と意気揚々に返答。このやり取りは子どもが自信を持つことにつながります。大人が促さなくてもほかの場所まできれいにする意識が育まれます。

大そうじや模様替え、リサイクルのリーダーに

子どもはイベントが大好きで、それが片づけやそうじであっても。パパがいるときは普段できないことに挑戦するチャンス。模様替えやリサイクルでは子どもの意見を聞きながら、ときには懐かしい話をしながら、ものへの愛着心を確認するように行いましょう。

5

完璧じゃなくてOK 小さな成功体験を積み重ねて

今完璧にできているかどうかにこだわりすぎないでください。今は未来のための過程と考え、取り組む姿勢にこだわるようにしましょう。子どもはどんなに小さなことでも「できた」と感じると次の挑戦をしたくなります。それが積み重なるとそのチャレンジ精神はどんどん増し、個人差はありますが知らないうちに急成長していることも。大人はその小さな成功体験を導くのが役割です。

例えば、たくさんあるものからひとつを選ぶことが苦手な子どももいます。その場合は、まずふたつからひとつを選ばせ、どんどん数を増やしていきます。その際、子どもが選んだものを否定しないように（赤色のクレヨンを選んで、黒のほうでしょというのはNG）、どれを選んでもよいというものをそろえましょう。

見つけて！

こぼめぐ流　子どもの成長の気づき

こんなときに成長が見える

- 自分のタイミングで片づけをしている姿を見たとき
- きれいではなくても、並べられたおもちゃを見たとき
- 寝る前に次の日の準備をしているとき
- 自分のものをきれいに整えているとき
- 置き場所と違ったものをそっと直しているとき

↓

子どもは日々成長しています！
「成長したな」と感じたことを書き出しましょう。

1

2

3

4

5

6

7

8

9

10

成長に気づくことは、家族にとって幸せなこと！

子ども片づけ 便 利 アイテム

きれいな収納、片づけしやすい環境を実現するには、使い勝手のよい収納アイテムが必須。部屋のレイアウトや子どもの生活スタイルに合わせて選ぶのがコツです。

事例 P.39

シングルボックス

3段まで重ねられる組み立て式の家具。本や雑貨、オブジェなどさまざまなものを収納できる。※2020年7月にリニューアル予定。

- W34×H34×D29cm、4.2kg、ナチュラルエルム、ホワイト、ブラウンの3色
- カインズ　https://www.cainz.com

事例 P.21,35

LABEL PLATE

ボックスや引き出しにつけるラベルプレート。両面テープにラベルカードを貼りつけるだけ。文字やイラストでデザインされた専用ラベルカードもある。本書の事例ではフォトフレームとしても活用している。

- S（W63×H22×D4mm）、M（W96×H59×D5mm）各6色、SQUARE（W48×H48×D4mm）3色
- 宮成製作所　http://www.miyanari.co.jp/labelplate/

BUMRRRANG
ブメラング

事例 P.34

フェルトの裏地つきで、ズボンが傷つかないようにしっかり固定できるハンガー。無垢材のナチュラル素材でインテリアとの相性もよい。

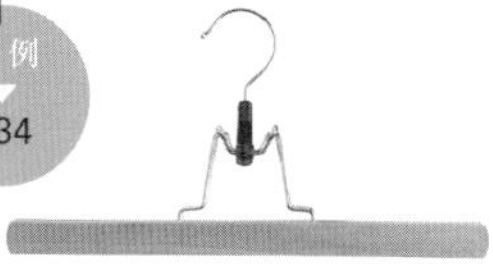

- W30×H15cm、0.12kg、基本素材はユーカリ無垢材
- イケア
- https://www.ikea.com/jp/ja/

すべりにくいスラックスハンガー（ラミー3本組）

事例 P.45

スラックスが掛けやすく、しかも滑りにくい形状をしたハンガー。ポールに掛けるフック部分も落ちにくい形状になっている。

- W34×H15.5×D0.7cm、約100g、シルバー、スチール
- ニトリ　https://www.nitori-net.jp/ec/

事例 P.40

ポリプロピレン高透明フィルムアルバム・2段L判・136枚用

透明度の高いフィルムを使用し、写真がきれいに見えるアルバム。表紙裏にはチケットなどを入れられるポケットがついており、思い出の記録帳にもなる。

- 約W156×H200×D28mm（外寸）
- 無印良品
- https://www.muji.com/jp/ja/store

事例 ▼ P.48

押入れ・クローゼットハンガーラック ヴェルサ (S)

ポールの高さを7段階まで調整でき、押入れにもクローゼットにもすっきり入るハンガーラック。シンプルなデザインなので場所を選ばない。

- W69.7×H89.8×D40cm、約1.42kg、ホワイト、スチール、耐荷重約10kg
- ニトリ　- https://www.nitori-net.jp/ec/

事例 ▼ P.46

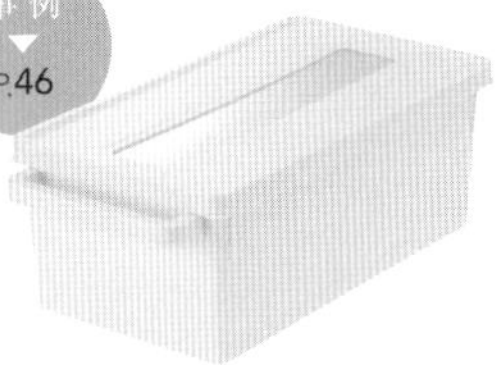

メディアコンテナ452 (DVD&コミック用)

仕切りつきでDVDやコミックのほか、CDやゲームソフトを収納できるボックス。3段まで重ねることができ、スペースを効率よく活用できる。

- W23.3×H15.7×D44.9cm、ホワイト、ブラウン、インデックスシールつき
- イノマタ化学　- http://www.inomata-k.co.jp/index.php

プレートスタンドFLAT

事例 ▼ P.55

お皿を5枚分、立てて置けるスタンド。食器棚で活用するのはもちろん、シンプルなデザインなのでキッチンカウンターに置くのもおすすめ。

- W22×H7.5×D11cm、約370g、ホワイト、スチール
- ニトリ　- https://www.nitori-net.jp/ec/

事例 ▼ P.58

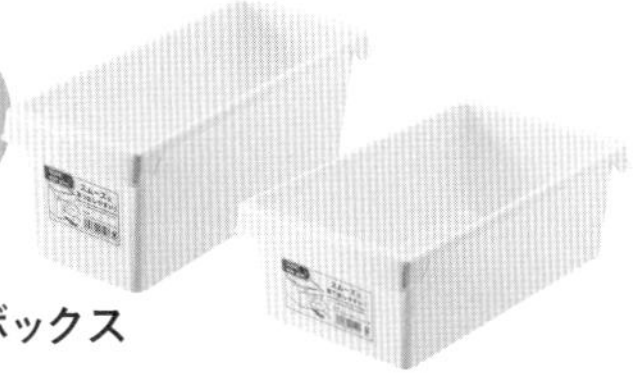

アレンジ スライドボックス

醤油やみりんといったボトル、フライパンなどの調理器具を収納できる。スリム、ワイドのサイズがあるほか、フックつきで掛けられるタイプもある。

- W135×D320×H125mm（左）、W182×D320×H105mm（右）、ポリプロピレン
- サナダ精工　- https://www.sanadaseiko.co.jp

事例 ▼ P.59

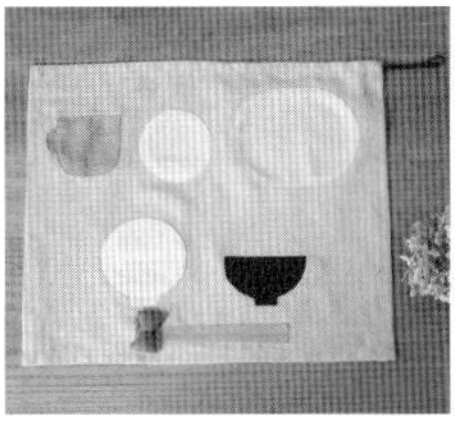

ランチョンマット

箸や食器の置き場所をかわいい柄のアップリケでナビゲートする手作りのマット。配膳が子どものころから身につく。洋食用もあり。

- W36.5×D30cm、リネン・綿　- つばめの家
- https://tubamenoie.thebase.in

事例 ▼ P.76

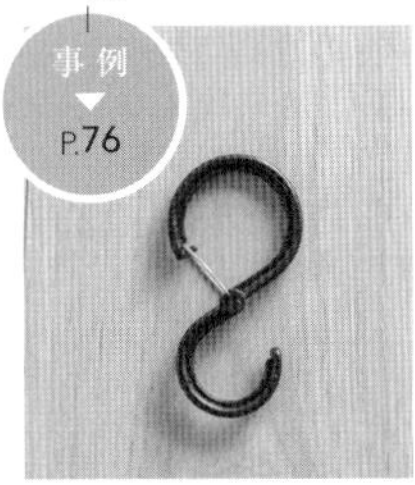

S字フック ストッパー付

ポールやラックに掛けた際に重みでフックから落下するのを防ぐストッパーがついたS字フック。最大垂直荷物重1kgなので多用できる。

- 6cm・ϕ0.7（4P）、8.5cm・ϕ0.8（3P）
- Seria　- www.seria-group.com

※掲載商品は取材時点のものであり、現在お取扱いしていない場合があります。

事例 ▼ P.65

ほうき&ちりとりセット

卓上でも床でもどちらでも使える万能サイズ。ほうきとちりとりをセットで、またフックで掛けられるので収納場所も選ばない。

- W160×H30×D200mm、ライトグレー、ダークグレー
- Seria　- www.seria-group.com

※掲載商品は取材時点のものであり、現在お取扱いしていない場合があります。

“自分でできた!”の喜びを

今でこそ片づけの仕事をしていますが、もともとは片づけが苦手でした。建築関係の仕事をしている中で、ハード面だけでなく、住み方といったソフト面もご提供したい、と思って学び始めた整理収納。勉強しながら実践すると、子育てをしながらフルタイムで働いているのに、日々の暮らしがこれまでよりグンッとラクに回るようになりました。苦手だと感じていたのには、片づけの正しい方法を知らず、〝できた！〟という経験が乏しかっただけなのです。この経験をたくさんの方、特に子育て中の方に伝えたいと思い、整理収納の仕事を続けてきました。

　我が家には3人の子どもがいます。片づけ方は三者三様。以前は3人に同じだけものを買い、同じ収納グッズをそろえ、同じように収納していました。それが公平だと思っていましたが、子どもによっては、引き出しが少しだけあいたままになっていたり、シャツの袖がたたみ込まれていない状態で片づけられていたり…。そうなると「なぜ、あなただけできないの？」、ましてそれが上の子どもの場合は「小さい弟だってできているでしょ」などと思ってしまう事態に。そこで〝できない〟には理由があるのでは？と考えるようになり、子どもそれぞれと一緒に取り組むようにしました。すると子どもたちは〝できた！〟という自信を得て、自己肯定感や自己有用感がどんどん高まっていきました。
「失敗は成功のもと」とよくいわれますが、片づけにおいてもまさに失敗から学ぶことがたくさんあります。

子どもには失敗する権利があり、そこから学ぶ権利もある！

転ばぬ先の杖ではなく、権利を尊重することが大切なのです。〝自分でできた！〟という喜びは、人生において自分を信じる力に変わります。たくさんの失敗は自信をつけるための過程ではないでしょうか？〝片づけができない〟理由を知ることで、大人も子どもも気持ちがラクになるはずです。この本を読んでいただいた方のお家にたくさんの笑顔が生まれることを願っています。

小堀愛生（こぼめぐ）

著 者　小堀《こぼり》愛生《めぐみ》（こぼめぐ）

二級建築士、インテリアコーディネーター。整理収納コンサルタント、親・子の片づけマスターインストラクターとしても活動中。認定子育てハッピーアドバイザー資格を有し、子どもの自己肯定感を育むお片づけセミナーなども主宰。子どもが家庭でのさまざまな活動を通じて力を育み、安心感を得ることができるような住宅収納のアドバイスを行う。片づけ大賞2019年　グランプリ受賞。プライベートでは３人の子どもを持つワーキングマザー。
https://www.sss-style-plus.com/

スタッフ

デザイン　中村理恵、山岸蒔（スタジオダンク）
撮影　田辺エリ
イラスト　kazuemon
校閲　SSS-Style+（整理収納LABO®）
編集　若狭和明、松本裕の、市道詩帆（以上スタジオポルト）
相川未佳（M&Ă）
加藤風花（文化出版局）

子どもが片づけしたくなる104のアイディア

2020年6月8日　第1刷発行

著　　者　小堀愛生
発 行 者　濱田勝宏
発 行 所　学校法人文化学園 文化出版局
〒151-8524
東京都渋谷区代々木3-22-1
tel. 03-3299-2488（編集）
tel. 03-3299-2540（営業）
印刷・製本所　株式会社文化カラー印刷

文化出版局のホームページ　http://books.bunka.ac.jp

この本に関する問合せ先
スタジオポルト　tel. 03-5830-5011　受付時間:月～金曜日の10:00～19:00